円空と木喰

五来 重

角川文庫
20073

円空と木喰

目次

円空佛 境涯と作品

微笑佛　木喰の境涯

円空佛

境涯と作品

序章

1

聖(ひじり)は　まことの　経ひじり
袈裟をば肩に　かいかけて
蓮華の花を　笠にきて
夜は窟(いわや)に　ただ一人
朝は　日の出の　行をする。

三河(みかわ)の花祭は窟を棲家(すみか)とする経聖が、白山(はくさん)権現の木像を背負って村にあらわれ、古戸(ふっと)（愛知県北設楽(きたしたら)郡東栄(とうえい)町）の白山山頂にまつったのがはじまりという。それはいったいいつごろのことかはさだかでないが、すくなくも天正年代（一五七三―九二）よりあたらしくはない。古戸の村人は祭にさきだって、この聖のみたまをしずめるために、十二月の深夜、白い息をはきながら聖の窟のある白山山頂へのぼっていって、上のような祭文をうたいながら、せまい境内の新蓆の上で「お玉の舞」をする。ゆるやかな太鼓の音と禰宜のふる鈴の音が冴えて、深山にこだまする神秘的な舞である。

聖はこの経聖のように山から山へ、村から村へ旅をして、村人に仏像をあたえ、芸能をつたえた。村にあらわれてもながくはとどまらず、すぐ山へ入って窟ごもりをする。その風躰は『梁塵秘抄』に、

　聖のこのむもの、木の節、鹿角、鹿の皮、蓑笠、錫杖、木欒子、火打笥、岩屋の苔の衣。

とうたわれたので、ほぼ想像できよう。木の節というのがよくわからないが、このほかに山へ入るには山刀が必要で、身を守るためにも、薪をとるためにも、山刀をたずさえた。山刀はすなわち鉈であるから、器用な聖ならば、窟ごもりのつれづれに鉈彫りの仏像をつくって、村人にあたえることもできたのである。

庶民の信仰をあつめた霊仏には、しばしば遊行者がつくりあたえたとか、化人来たりてこれを彫ったという説話がついている。貴族や支配者の建立する仏像は、名ある仏師が念入りに制作したであろうが、村里の庶民は遊行聖の手作りの像をまつり、化人の作仏と信

じて庶民信仰の対象とした。行基菩薩作とか弘法大師作の寺伝をもつ古仏はそのようなものであろう。

遊行聖のつくった仏像説話の代表的な例は『粉河寺縁起』である。宝亀のむかし、紀伊国那賀郡の狩人、大伴孔子古は山中に光明赫奕たる霊地をみつけて、精舎を建て、仏像をつくりたいと願う。まもなく一童男行者があらわれて、我は仏工であるから孔子古のために仏像をつくろうと申し出る。童男行者とは山伏のような半僧半俗の遊行聖をあらわした名称である。

行者は山中の草庵に入って扉をしめ、七日ののちに来たり見よと約束する。孔子古が八日目の払暁に庵の扉をあけると千手観音像のみあって、行者の仏工の姿は見えなかった。やがて河内国渋河郡馬馳市の、佐太夫なる長者の二人の娘が重病にかかる。医師も匙をなげているところに、一童男行者が門口にやって来て、千手観音の陀羅尼で加持する。するとたちまちに娘の重病が全快したので、佐太夫は御礼の布施として帯鞘の刀を行者にあたえた。帯鞘の刀はいうまでもなく携帯用の山刀であり、山人の鉈である。行者が辞去するとき、佐太夫がその住所を問うと、紀伊国那賀郡風市村の粉河寺とこたえる。やがて佐太夫は妻子眷属をひきつれて風市村にゆくと、一草庵に金色の千手観音が立っていて、その施無畏印の手に、さきに布施した帯鞘の刀がかかっていた。

ここには遊行聖は仏工であり、また千手観音の仏身であるという庶民信仰があらわれている。そして円空もまたこのような遊行聖の一人であった。聖は観音や不動や大日如来と一体になり、我は諸仏の化身であるという自覚を獲得するために、窟ごもりのきびしい行をする。

円空仏のもつ不思議な魅力は、山岳修行と窟ごもりの苦行できたえられた精神力の所産として、はじめて理解できる。その孤高にしてきびしく知的に冴えた刀痕、清潔にしてしかも火のようにはげしい意志的な造型は、夜の窟にただ一人、自我と対決し、神や仏と交流する精神だけが可能な芸術である。私も北海道で円空のこもった太田権現の窟に荒海の断崖を鉄鎖にすがりながら、文字どおり命がけでのぼりついたとき、はじめて円空仏の秘密がわかったようにおもった。

私たちはしばしば円空仏を、展覧会や民芸館のガラスケースのなかで、鑑賞することができる。あるいは美術雑誌のグラビアで円空の芸術を批評することもできよう。しかし残念ながら、それは円空仏の「影」をみただけで、その「心」にふれたことにはならない。円空仏はそれが制作された環境や、礼拝された場所をはなれては、その光彩をうしなう。そこではざらついた木肌やあらあらしい鑿跡、デフォルメされた仏面や寸づまりの姿態は、醜怪な一個の物体に化してしまうおそれさえある。円空はそのような晴れがましい場所で、衆目にさらすつもりで、仏像を制作したのではない。

人間くさくない深山の洞窟、木樵しかしらない森のなかの草に埋もれた小祠、年に一、二回の縁日に村人がおとずれるさびしいお堂、無住になった荒れ寺の埃だらけの須弥壇——そのようなところでこそ円空仏は息づき、いささか得意げである。私どもが宗教と芸術の一体化した孤高な精神として、円空仏に感動できるのは、そのような場所においてなのである。したがって円空仏を単なるフォルムとして論じたり、型破りで奇抜なモダン・アートとして解説するのはお門違いといわざるをえない。

昭和三十二年いらいの円空ブームは、こうした円空仏を祠やお堂から引きずり出して埃をはらい、ガラスと金網の陳列棚やコンクリートの収蔵庫、あるいは都会のデパートの展覧会場にまでならべられるようになった。一寸につき何万円で取り引きされて、収蔵家の床の間やマントルピースの上にもかざられているという。円空仏はそのような場所ではいかにも醜悪怪奇でみすぼらしい。はやくもとの古巣へかえしてやってほしいとおもうのだが、鍵も扉もないお堂では、すぐ盗難に遭うという末世ではいたしかたがない。

私は晩秋の一日、稲刈りにいそがしい農民に道をたずねながら、奥美濃の山峡へ入っていった。人家から遠くて、人間のけはいすら感じられない祠をかこむ紅葉と山の空気は新鮮だった。祠の前の集会所は祭にだけ村人があつまって、茶椀酒でもくむらしい炉が切ってあり、その上の神棚に無造作に円空仏三体がのせてあった。それはもっとも初期の稚拙な作品で、円空が彫刻をこころみたころの習作の一つであろう。円空の境涯をかたるには、きわめて貴重な資料であるにもかかわらず、そのみすぼらしさのために、雨戸も鍵もない集会所に安泰であったのだ。私はあの三体の円空仏がいつまでも、あのままそっとおかれて、虫蝕で仏体がくずれ去るまで、村人をまもろうとする円空の願いを生かしておきたいとおもう。

2

私は前著『微笑佛』で、木喰行道（五行菩薩）の境涯をあきらかにすることによって、その飄逸な作品の謎をとこうとした。そのなかで、私は木喰行道の彫刻活動が、北海道帆越岬の太田権現の窟（久遠郡大成町太田）で、円空仏に接してからはじめられたことを推定した。また木喰と円空の作品の比較をこころみ、この両者のあいだにはきわめて大きな相違のあることものべた。このとき以来、私には木喰の微笑仏の謎をといたのとおなじ方法で、円空仏の謎をとく義務があることに気づいた。私の方法というのはほかでもない。わが国の宗教社会に固有の「ひじり」とよばれる、遊行回国の庶民宗教家の生態や境涯から、かれらの創作したり、伝播してあるいた、文学と芸術と芸能の本質をあきらかにすることである。

木喰行道も円空も「ひじり」の範疇に属する、半僧半俗の宗教者であることはいうまでもないが、木喰の方は六十六部とよばれる回国聖で、つねに旅を家とし旅を棲家とする。

一所不住の旅は孤独な旅にはちがいないけれども、日毎夜毎に村人に宿を借るという人間との交わりから、その作品にはまろやかな人間性があふれて、いわゆる「微笑仏」となる。しかし円空は役の行者や越の泰澄によってひらかれた、山岳修行を生命とする修験道の優婆塞聖である。それは人の近づきがたい名山霊岳の険阻をふみわけながら、窟にただ一人こもって、朝な夕なの行をする「窟ひじり」でもある。それは強靭な意志を必要とする命がけの苦行であるから、その作品は孤高なきびしさで人の心を打つ。円空仏の潔癖なまでに純粋で、はげしくするどい刀痕は、窟ひじりが刺高の数珠を押し揉んで、般若心経やアビラウンケンを打ち上げる、裂帛の気合をおもわせる。しかしこのような聖はその反面には山をおりて村人に交わり、信心ぶかい女性の供養をうけたり、尼寺に宿るなどの世俗性もあるので、女性的な微笑像や、あでやかな尼僧像もつくられる。しかもそのような女性像はあくまでも潔く、清純である。

木喰行道の彫像と円空の作品の相違は、個人的な気質の相違ばかりでなく、両者の属する宗教世界の相違に支配されている。そのうえ円空は若いときから木彫をこころみたのにたいし、木喰は六十歳をすぎて北海道にわたってから、彫刻をはじめている。円空の芸術は天性の資質によるもので、名人芸ののびやかな暢達さがあるが、木喰のそれは努力をかさねた結果、できあがったもので、いわば達人の芸である。しかし木喰の晩年は円空におとらぬ、高い芸域に達したということができよう。

ともあれ木喰と円空は多くの相違点があるけれども、近世の「ひじり」として共通した境涯をもっている。遊行、木食、勧進、密教、そして彫刻と作歌など、いずれも聖の境涯である。したがって私は木喰とおなじ方法で、円空をとりあつかうつもりであるが、その場合大きな困難がある。第一に円空には木喰の「四国堂心願鏡（しんがんかがみ）」のような自叙伝がない。したがって円空の没年だけはわかるが、生年も経歴もほとんど不明である。第二に円空には木喰のような旅の年月日をしるした「御宿帳」や「納経帳」がのこされていないので、その行動を年月を追うて追跡することが不可能である。第三に円空は木喰のように作品の背銘に仏体の尊名や年号や、制作の場所や、施主、願意をかいたものがすくない。これも円空の動静をうかがうことを困難にする大きな原因である。円空にも木喰とおなじような、あまり上手でない歌集が発見されているが、伝記資料として利用しうるほどの史料性はとぼしい。したがって円空の境涯は作品の所在とその分布、またわずかながらのこされた彫像の背銘から推定して、組みたててゆくほかはない。その推定に「ひじり」一般の信仰内容や生活様式が大いに役立つわけである。

3

円空の境涯について、木喰にはなくて円空のみにのこされた資料は、後世人の手による伝記と、作品の見聞記である。木喰は生前にはありふれた無名の六十六部であったため、その存在も作品も人々の注意をひかなかった。しかし円空は示寂の元禄八年（一六九五）からわずか十九年しかへだたらない『和漢三才図会』に、南部領恐山の千体石地蔵を修補したという事績が記録されている。石地蔵というのは木彫の千体地蔵のあやまりであるが、それは現存する。

また飛騨における円空の異常な行動と奇抜な彫像は、この地方人の注目をひき、そこばくの伝承をのこしたらしい。そのため没後四、五十年の編集である、長谷川忠崇の『飛州志』に「釈円空の説」が採録されている。

本土ニ於テ高嶽ノ巌窟、或ハ山中ノ寺社ノ深林等ニ多クノ木仏アリ。円空ト云僧ノ作ル処也。按ズルニ其彫刻スル所ノ仏像、今州内ニ多シト云ヘドモ、全備成就セシモノヲ未見。其面相ノミ在ッテ、其余印相等分明ナラズ。俗ノ荒削ト云フニヒトシ。然レドモ空其業未熟ニシテ、斯ク造リ出スニハ非ザルカ。元来妙手タルベキモノト見エタリ。

と、かなり正確にその作品を評価しているが、「姓氏或ハ何国ノ産、何レノ宗派ト云フコトヲ不知。疑フラクハ是台密ノ徒タルカ」とその素性の不明をなげいている。

ところが没後九十一年目（一七八六）に書かれた伴蒿蹊（ばんこうけい）の『近世畸人伝』は、いかなる資料によったものか、その出生地と遊行の年をあきらかにした。

僧円空は美濃国竹ヶ鼻という所の人也。稚きより出家し其の寺にありしが、廿三にて遁れ出、富士山に籠り、又加賀白山にこもる。

とあり、その彫刻は、

円空持てるものは鉈一丁のみ。常にこれをもて仏像を刻むを所作とす。袈裟山にも立ちながらの枯木をもて作れる仁王あり。今是を見るに仏作のごとしとかや。

という伝承ものせられている。そして予言や祈禱（きとう）をおこなって霊験があったことや、窟上（いわや）人とよばれた因縁など、かなりくわしい。この伴蒿蹊の弟子で飛驒高山（たかやま）住の国学者、田中（たなか）大秀（おおひで）は大いに円空に傾倒して、その歌集や伝記、肖像を整理修補した。そして肖像展拝の言葉に、

百しね三野（みの）国に、いはやひじりと聞ゆる聖おはしけり。世の人をあはれみたまふ御こ

ころふかかりければ、岩根ふみかさなる山をわけめぐりて、おろかなるををしへ、遠
　くえぞの島にしもわたりて、御のりを弘め給ひしとなむ。

とのべて仏像制作よりは、庶民化導の業績を讃美している。そのほか円空が多くの仏像をのこした名古屋の荒子観音寺の寺伝『浄海雑記』も、この寺の住持全栄がしらべた円空の事績をしるしているが、荒唐無稽の記事が多く、どの伝記をとりあげても円空の境涯は曖昧模糊というほかはない。

これにたいして円空仏の見聞記はかなり具体的である。それは北海道に多いため、初期の円空の動静を知る重要な資料となる。まず寛政年間(一七八九―一八〇一)に蝦夷地まで足をのばした近世第一の大旅行家、菅江真澄が『蝦夷喧辞弁』に、太田権現の窟で円空仏があまた立っているのを目撃したことをしるした。この円空仏はのちに窟内の火災でやけてしまったので、この見聞記がなかったら、北海道での円空の行動の北限は不明に帰し、木喰行道と円空の出会いを推定することは不可能であったろう。また彼は『蝦夷迺天布利』に東海岸の霊場、有珠善光寺や礼文華窟で見た円空仏の数や背銘まで、克明にしるしている。有珠では、

堂のかたはらに木賊多く茂りたる中に小祠ありて、これにも円空法師の作る仏三はし

らあり。そのそびらに、内浦の嶽にも百年の後あらはれ給ふと書き、又のぼりべつのごんげん、いまひとはしらには、しりべつのたけごんげん、と彫りたり。

とあり、礼文華窟では、

奥深く入ば五軀の木の仏をならべおけり。そが中のみぐしたかき仏のそびらにかいたるを見れば、寛文六年丙午七月　始登山　うすおくの院の小島　江州伊吹山平等岩之僧円空　と記し、いまひとつには、いわうのたけごんげん、其次に立たまふは　くすりのたけごんげん　とそびらごとにあり。三番の背のなからは朽て文字のよみときかたく、四番　たろまへのごんげん　とおなじそびらの方にしるしたり。此いつはしらのほとけのみかたしろはみな円空法師の作て、しか記せり。

とある。「うすおくの院の小島」は現在の洞爺湖中島の一つ、観音島で、背銘は二、三文字のちがいはあるが、このままの円空仏が現存する。真澄の記録はたしかであり、これがなければ、円空仏の北海道での分布は不明だったかもしれない。

文久年間（一八六一―六四）に、東西蝦夷山川地理取調のために、道内の探検旅行をした松浦竹四郎（多気志楼または武四郎）も、勇払、夕張岳、千歳弁天堂、有珠善光寺、礼文華窟、江差詰木石、太田権現窟などの円空仏を『東西蝦夷日誌』にしるした。また松前藩の公式記録として安永九年（一七八〇）に完成した『福山秘府』の「諸社年譜並境内堂舎部」は、円空作の神体あるいは本尊をまつる二十五の堂舎をあげている。それらはそのままのものもあり、移動したものもあるが、昭和の現代も依然として神体としてまつられて、その地域の信仰をあつめている。

北海道の円空仏にはこのように多くの見聞記がのこされているので、北海道をのぞいて円空をかたることは不可能にちかい。わずか二ヵ年たらずの滞在であるが、現在四十余体の円空仏が確認されているのをみると、その彫刻活動がさかんだったことがわかる。しかしそれよりも北海道の円空は聖としての辺境伝道の方がいっそう注目にあたいする。北海道の円空仏を類型に堕した凡作として軽視する研究者もあるけれども、円空仏の本質をなす宗教性を理解するためには、北海道での円空の宗教活動を無視することはゆるされない。したがって上にあげた諸家の見聞記と、仏像の背銘と円空遺跡の実地踏査によって、円空芸術の秘密をさぐってゆくこととしたい。

4

北海道の円空は窟ひじりの面目を遺憾なく発揮するが、これはどのような意味をもつものであろうか。

すでにのべたところでわかるように礼文華窟にしても、それは修験道修行の場所であるとともに、仏像制作のアトリエであった。円空は北海道の霊山霊場に安置されることを予想して仏像をつくり、背銘に納めらるべき場所をしるして、百年ののちにはそこにあらわれたもうであろうと書いた。はたせるかなその予言は適中して、百三十年後の寛政十一年に蝦夷地御用係として渡道した松田伝十郎の手によって、こころざす霊山霊場へはこばれて、霊山をまつる社の神体となった。

円空は奥美濃や飛騨でもしばしば窟ごもりをしたという。有名なのは板山（美濃市）から根村（郡上郡美並村）へこえる岩屋観音の窟、粥川（美並村）の高賀山星宮大権現の円空洞または坊主洞といわれる窟、深谷（益田郡下呂町）の大洞窟、高山市西郊の松倉山普門堂の窟および木曾三留野の沼田の窟などで、いずれも円空がこもって仏像をつくったという伝承をもっている。彼は寂寞たる深山の窟に、谷川の滔々たるひびきをききながら、無心に丁々と鉈をふるった。そして気がついてみると、東の空が白みかけることさえあった。

木にたにも　御形を移す　ありかたや
法の御音は　谷のひひきか

法の道　御音聞（みおとをきけば）　ありかたや
神　諸共（もろともに）　明ほのの空

ちはやふる　峯の深山の　草木にも
有あふ杉に　御形移さん

また歌集には飛騨の出羽窟（でわのいわや）、大峯（おおみね）の鷲窟（わしのいわや）、笙窟（しょうのいわや）などに窟ごもりをしたこともうたわれている。

在（あり）かたや　出羽（の）岩窟（に）　来て（も）見よ
けさの御山の　仏なりけり

しつかなる　鷲窟に　住なれて
心の内は　苔のむしろ□（虫蝕）

こけむしろ　笙窟に　しきのへて
長夜（ながきよ）のこる　のりのともしみ

修験道の優婆塞聖は、山岳修行によって験力（げんりき）をえて、庶民の病をいやし、災をはらい、雨をふらせ、託宣をおこない、もろもろの予言をする。その山岳修行のあいだに霜雪雨露をさけ、夜宿するために洞窟があればかならずこれを利用する。また聖は古代宗教の呪術者であるから、原始古代の穴居生活、あるいはもっとさかのぼって岩蔭生活の時代からの伝統を再現して、窟ごもりをするのだということができるかもしれない。ともかく修験道は洞窟に特殊の信仰を付与するようになり、洞窟は他界への通路であるとともに、神霊のこもります聖地とされた。そこでは神と人の交流がおこなわれ、行者には神性が付与されて神の力をもつようになる。

また窟では「胎内くぐり」のように神の子として「生まれかわり」がおこなわれる。すなわちけがれ多き我が窟に入って一旦死んで、きよらかな我となって再生してくる、擬死再生が修験道の極意である。これは真言密教の即身成仏観や入我我入観におきかえられると、窟の修行で行者はその身そのまま大日如来と同体となり、仏は我に入り我は仏の中に入って、三密瑜伽の仏作業を成ずることができる、という信仰になった。すこし幻術めくが、行者がにらめば巨巌がうごき、鉄鉢を飛ばせば米を入れてもどってくると信じられ、また山の頂から頂へ飛行するともつたえられた。したがって窟で制作された彫刻には、神や仏の霊力がこめられており、庶民の意楽をかなえ、悪霊をしずめはらう力があるとおもわれたのは当然である。『飛州志』には円空の仏像彫刻の目的は、人が魔所として近づくことのできない山の地神を供養するためで、円空仏をまつれば、魔の障礙はなくなったとある。すなわち円空がよく窟にこもって神像仏像を彫ったのは、これが特殊の霊力をそなえて、人々の難儀をすくおうとの心をこめたからにほかならない。したがってその作品は形にも美にもこだわることなく、アビラウンケン・アラハシャノウ・バンウンタラクキリクアクの三種の大日真言をとなえながら、大日如来の心(自内証)を木端(こっぱ)の上にきざみこんだのである。それは仏が仏をつくり、仏によって仏がつくられるという純粋経験のなかで、創造された芸術であった。円空仏がわれわれの心を打つのは、フォルムのためではなくて、仏作業のためである。仏作業の自覚からうまれた、微動だもしない力強いタッチのためである。この仏作業の自覚を円空と木喰はまた別のやり方で表現した。すなわちかれらは自分が創造した諸仏群像のなかに、仏の一人として自刻像をわりこませたのである。

いまも自画像や自刻像をつくる芸術家はすくなくない。しかし山伏修験、あるいは遊行聖の自刻像は、これとまったく異質的な作意からでている。自刻像を理解することは「ひじりの芸術」を理解する鍵といっても過言ではない。すなわち、それは自己顕示のためではなくて、衆生救済の誓願のためにつくるのである。禅宗では一休(いっきゅう)のように自画像を書くこともあるが、多くは授法のために、自分の肖像画を頂相(ちんぞう)として、画家または画僧に画かせる。これも自己顕示のためではなくて、仏祖単伝の禅を人格として表現するのである。山伏修験は自己を大日如来と同体化して、即身成仏を表現する。またみずからの誓願を具象化するために、自刻像をのこすのである。

この自刻像を自分の肉体そのものでつくったのが、羽黒山(はぐろさん)に多い「即身仏」、すなわちミイラである。それは自己を拝するものには諸願をかなえ、諸病をいやそう、との誓願を具象化したものである。円空はミイラをのこさずに自刻像をのこしたのであり、「入定（にゅうじょう）」によって誓願を果たそうとしたのである。すなわち、円空の自刻像は「入定」とまったく一つづきの信仰であった。飛驒の千光寺（せんこうじ）の円空自刻像が、「おびんづるさん」として、なでた部位の病をいやすと信じられたのも、このような信仰から理解されるのである。

第一章

1 洞爺湖にうかぶ円空仏

タパアン　ウタレ　（これや　人々）
エパカシ　コカヌ　（教えを　聞けよ）
トナシ　モイレカ　（早いか　遅いか）
アリン　ユイ　ライナ　（一度は　死ぬぞ）
ライ　コパン　チキ　（死ぬが　いやなら）
ネンブチ　キイヤン　（念仏　申せ）
キイクル　ネヤキネ　（申す　人なら）
センバラ　ヤツカ　（いつ　なん時に）
ウウセ　ネトバケ　（仮りの　からだの）
ライワネ　ヤツカ　（死にたる　とても）

ヤアキ　シセイペレ　（蟬の脱殻　捨つるが如く）
チユプ　アフンハ　（月も日も　ゆく）
ショモライ　コタンタ　（死せざる　国へ）
チマン　セカトハ　（往いて　生れて）
ヤエラム　アニネ　（こころの　ままよ）

江戸時代に蝦夷地三官寺の一であった有珠善光寺の三世、弁瑞上人が、和讃にアイヌ語をそえて、アイヌ人たちに念仏をすすめた「念仏上人子引歌」（カモイボボウンケイナ）の一節である。夏ここをおとずれると、有珠の入江の奥ふかく、磯の香のただよう樹林のなかに、かつての遊行僧たちのたくましい蝦夷開教史を秘めて、お堂がわびしく建っている。この樹林の山毛欅と大楓と銀杏の緑が濃ければ濃いほど、蟬がなけばなくほど、この霊場はさびしい。

あるかなきかの細径を裏山へのぼって行くと、山腹に墓地がひらけ、背丈よりたかい虎杖をなぎたおす下から、アイヌ名の墓石があらわれる。それは意外に近頃のものまであって、大正年代のものもある。案内してくれた寺の人は、私があった人々は、あの人もこの人もアイヌ系だという。これで私にもアイヌ語の和讃が必要だった理由がよくのみこめる。

『元禄御国絵図』によると、北海道は渡島半島の南半分、すなわち西は熊石から東は函館近くの汐首岬までが和人地（シャモ地）だから、有珠のあたりは純然たるアイヌ地だった。松前藩はアイヌ地をいくつかの「場所」という行政区にわけて、アイヌからとりたてる鮭・鱒・鱈・鰊・海鼠・昆布・鹿皮・熊皮・熊胆・膃肭獣皮・海豹皮・鷲羽・紫根・砂金・硫黄などの年貢徴収を運上屋に請負わせ、所々に会所をおいて役人を出張させた。そして運上屋と会所役人のほかの和人は、アイヌ地に立ち入るのを厳禁していた。それにもかかわらず、遊行僧だけは有珠善光寺と太田権現まで入りこんでいたらしく、「六十六部の者往々来住し、片田舎の菴の如し」（『蝦夷日記抜書』）としるされている。『北海随筆』にも、

蝦夷地往来禁ずれども回船の僧は忍びて参詣するなり。臼ヶ嶽の麓は又入江にて景勝無類の所にて、西は太田山、東は臼ヶ嶽とて信心の者は参詣する山也。

とあるが、有珠善光寺の信仰はもと臼嶽の山岳信仰だったことがわかる。おそらくアイヌの山岳霊場に無名の善光寺聖、あるいは善光寺信仰の伝播者とおもわれる浄土宗名越派の聖が、一光三尊の善光寺仏をもちこんで、臼嶽信仰とすりかえたものであろう。それはすくなくも慶長十八年（一六一三）の松前慶広の如来堂再興以前のことで、危険の多い蝦夷地開教だったとおもわれる。

『蝦夷地大臼山善光寺縁起』によると、伝説上の開基は慈覚大師であるが、本尊が朽損したので、寛文六年（一六六六）に円空が来てこれを模刻したという。寛文六年は「念仏上人子引歌」の弁瑞上人より百四、五十年前であるから、まったくのアイヌ人の世界で、これから三年後の寛文九年にはシャクシャインの叛乱があり、東蝦夷で百二十人、西蝦夷で百五十三人の和人が殺害されるような状態であった。また円空渡道の寛文五年より二年前には臼嶽大噴火があり、多くの死者を出した。いまもそのとき臼嶽から飛んできたという巨大な岩石が、善光寺門前の人家のあいだに居すわっている。したがって円空の善光寺再興は、噴火による倒壊焼失の如来堂を再建したものとおもわれる。しかしその建物も本尊も寛政十一年（一七九九）の火災や、文政五年（一八二二）の臼嶽噴火のため、いまは全くのこっていない。

円空はここに二間ほどの小さな善光寺本堂を再興すると、自作の善光寺仏を石臼の上にまつった。このことはさいわい菅江真澄の『蝦夷迺天布利』に記録されたので、わかるのである。

二間斗の堂のあるに、戸おし明て入ば、円空の作れる仏二軀あり。一軀は石臼にすゑたり。

とあり、臼嶽の臼にちなんで善光寺仏をうつしまつったのだろうという。まさしく信州善光寺の一光三尊仏も、本田善光が難波から負うてかえったとき、臼の上におまつりしたという伝承がある。そのため甲斐善光寺本尊のように筋彫のついた臼座を台座とする善光寺仏もすくなくない。臼はしばしば先祖祭の祭壇につかわれるから、善光寺の発祥が本田氏の先祖をまつる、仏間と仏壇からでていることをしめすものだが、円空は初期の作品に多く筋彫臼座を彫っている。とくに北海道では泊の観音寺（江差町）の阿弥陀如来像、上磯の曹渓寺（上磯町茂辺地）、木ノ子の光明寺（上ノ国村）、江差の柏森神社（江差町五勝手）などの観音が臼座である。北海道からかえって間もなくのものとおもわれる鋳物師屋（美濃・関市）の天徳寺の阿弥陀像もおなじで、円空中期の作品、上之保の富士浅間神社（岐阜県武儀郡上之保村舟山）の八体のうち、七体までがこの式の台座である。総じて個人の仏壇にまつられるような小品に多く、美濃・関市池尻の円福寺観音像や、同市保戸島の某氏蔵観音像のような形式のものにまでのこっている。これはおそらく有珠善光寺で臼の上に善光寺仏をまつった影響であろうとおもわれる。

　有珠善光寺は円空ののちも、渡道する無名の遊行僧が留錫して、かわるがわる維持したものらしいが、享保年代（一七一六―三六）に津軽今別本覚寺の貞伝が来て、金銅製の臼座阿弥陀如来像を本尊とした。貞伝は浄土宗名越派の僧で善光寺信仰と関係がふかく、万体仏を鋳造して津軽から北海道にかけて布教伝道にくばったので知られている。そして有

円空　阿弥陀如来（北海道江差町　観音寺）

珠善光寺には貞伝がはじめたか、円空がはじめたかさだかでないが、毎月如来堂に多数のアイヌ人をあつめて百万遍念仏がおこなわれていた（『蝦夷廼天布利』）。それは有珠湾の穴澗（ホッヌシリ）の大岩窟、一名地獄穴からひびいてくる「撞かずの鐘」という怪音をききながら如来堂で念仏をとなえるのである。この怪音は十六夜から晦日までのあいだにだけきこえるもので、鉦鼓や金鼓をうつような音であったという。おそらくアイヌ人のあいだに信じられていた怪異を、念仏にむすびつけたものであろう。

百万遍念仏は大数珠に数十人の人々がとりついて、念仏を唱和しながら数珠をまわす融通念仏の一種である。一千個の珠のある数珠を五十人の人が二十回まわせば、ちょうど百万遍の念仏をとなえたことになる。中世以来庶民社会では災をさけたり、死者をなぐさめたり、功徳をつむためにひろくおこなわれた。これにもちいた大数珠はいまも有珠善光寺にあるが、飛騨高山市郷土館には円空自作の百万遍数珠が保存されているから、私は円空がはじめた可能性がつよいとおもう。弁瑞上人の「念仏上人子引歌」（カモイボボウンケイナ）も、百万遍念仏のあとの踊念仏にうたわれたもので、松浦竹四郎の『東蝦夷日誌』には、アッシをきたアイヌが輪になって踊っているスケッチをのせている。

この推定をたすけるものに穴澗の大岩窟の上には地蔵堂があり、相模国からながれついた椴松で彫った千体仏がまつってあった（『東蝦夷日誌』）というが、円空は恐山地蔵堂や尾張の津島地蔵堂に千体地蔵をおさめているので、これも円空に関係があるであろう。また弁瑞上人が『結縁同行　蓮華講中勧化和讃』なる和讃をつくった蓮華講は、秋彼岸中日に大臼嶽にのぼる講中で、この臼嶽登りも円空がはじめたものと私は推定している。この臼嶽登りには講中の同行が一本の「善の綱」につかまって、おなじ蓮の台にのぼるつもりで「ナムアミダブツ」の唱和をしながらのぼるのである。この行事はいまもつづいていて「善の綱」ものこっているが、日本の修験道では「ナンマイダンボ」のかけごえで登山することがひろくおこなわれていた。現にこれをのこしているのは四大修験で知られる四国の石槌山で、江戸時代まであったのは大峯山と出羽三山と鳥海山の修験である。妙高山修験などは神道化しても、「南無阿弥陀如来」のくりかえしや「ナンボウ」などの念仏の訛りを登山唱歌にのこしている。したがって私は臼嶽の念仏登山は洞爺湖観音の背銘に「始山登」とかいた円空によってはじめられたものであり、これが、「いろは」四十八組の蓮華講中として組織化されてから、弁瑞上人の勧化和讃が成立したものと推定する。

　このようにアイヌと和人の融和は、危険と困難をおかして蝦夷地に進出した遊行僧によってすすめられた。松前藩と幕府は豊富な北海の幸、山の幸を搾取する対象としか、アイヌ人をかんがえなかった。しかし遊行僧はかれらを人間として、あるいは念仏の同行として遇したのである。これは当然といえば当然だが、江戸時代にはほんとうの仏教精神は辺境の開教僧たちにしかのこっていなかったようにおもえる。いま有珠善光寺には『大臼山善光寺新檀家簿』というものがのこっており、アイヌに和人とおなじ姓名をあたえたことがわかる。たとえば、タルクは樽津喜太郎、エカシャンケは今地五郎、サムンデは佐茂貞次、サムンデの婿ポンマヤは佐茂摩耶蔵、おなじ婿レシュクロは文字常汐、サンロクは伊賀三六、エカシオッカは伊賀磯嘉、エペリキは池辺力蔵などである。かれらは新シャモ（新和人）とよばれて、和人のなかに同化していった。明治以後の北海道開拓は、江戸時代の遊行僧の開教に負うところが大きいことをわすれてはなるまい。またこの寺には嘉永六年（一八五三）から文久二年（一八六二）にいたる『土人新亡記』あるいは『新亡夷人霊名記』がのこされており、生前に和人名をもたなかったものにも、死後は和人とおなじく信士、信女、童子、童女の戒名をあたえている。これは有珠善光寺が幕府の官寺となってからの宗教活動であるけれども、かつての遊行聖の辺境開教が、このような形に実をむすんだのである。そして多くの開教遊行僧の頂点に立つのが円空であった。彼が文化の恵みうすきアイヌに仏の大慈大悲をあたえようと、アイヌ地内の霊山にまつるために制作したのが北海道の円空仏である。

すでに序章にのべたように、東海岸では有珠善光寺本堂に二体、そのかたわらの小祠に三体の円空仏があり、善光寺奥の院の礼文華窟にも五体の円空仏があった。善光寺本堂の二体は焼失したが、他の八体のうち一体は礼文華窟にそのまままつられており、七体は寛政十一年に松田伝十郎によって、背銘の霊山へおさめられたという。この七霊山はいずれもアイヌ地であって、円空みずからおさめる便宜がないため、後人の手によっておさめられることを予言して作仏しておいたものである。

まず「内浦の嶽にも百年の後あらはれ給ふ」とかいた仏は、現在駒ヶ岳北麓、砂原村の内浦権現社の神体となって現存する。内浦嶽は内浦（今の噴火湾）と大沼に秀麗な影をおとす駒ヶ岳で、私ははじめてその山容を見たとき、あまりに気品たかい美しさに茫然とし、スイスのユンク・フラウにならってエーデル・フラウの尊称をたてまつった。南から大沼をへだてて望見する姿がもっとも美しく、富士山よりも典雅な裳裾をひいて、いくらか気取ったコニーデ式の尖峰をそそりたてている。この峰の肩から砂原岳の方へ、馬の背のような尾根をひくので駒ヶ岳の名がでたのであろうが、草一本生えない山肌は、焼石の堆積とはおもえぬロマンチックな桃色にかがやいている。円空もこの山の美しさにひかれてその処女峰に初登頂し、聖なる美女にふさわしい観音像をささげたのであろう。しかしこの像は神体なので祭典以外におがむことはできない。

「のぼりべつのごんげん」とあった仏像は登別温泉にうつされてまつられていたが、明治二十年（一八八七）に火災にあい、黒焦げの残骸となってしまった。「しりべつのたけのごんげん」の方は北海道の研究者によると西海岸の尻別川の河口にちかい寿都町磯谷にうつされたと推定されている。しかしいま磯谷の海神社神体となっている円空仏は「いそやのたけ」とあるということなので、おなじものかどうかをたしかめるために、千歳空港から車をはしらせたが、祭典以外には絶対に出さぬという。しかたがないので寿都町教育委

員会保存の写真を見せてもらうと、

いそやのたけ

寛文六年八月十一日

初登内浦山　円空（花押）

と内浦山（駒ヶ岳）初登頂の銘のある、北海道式の観音座像（来迎観音）であることがわかった。ほかに銘のない同型の円空仏があるが、これは無銘だから「しりべつのたけのごんげん」ではないらしい。私は「しりべつ」は「しりべし」で、後方羊蹄山（シリベシ）ではないかとおもう。菅江真澄は、

此山（後方羊蹄山）をシャモ（和人）はもはらシリベツの嶽という。

とかいているからである。

「たろまへのごんげん」とあったのは、いま苫小牧市錦岡の樽前山神社の神体がそれらしい。しかしこれも拝観をゆるされなかったので、苫小牧市立図書館の記録を見ただけに終った。「くすりのたけのごんげん」は釧路にうつされて厳島神社に現存するという。「いわ

うのたけごんげん」もどうも不明であるが、中には「いうはりたけごんげん」の誤りではないかとの説もある。夕張岳とすれば松浦竹四郎の『夕張日誌』に円空が一軀の仏像をこの山のホロレフシベの岩洞におさめ、これを円空はのちに千歳の弁天堂にうつしたとかかれている。竹四郎はこれをスケッチまでしているが、みれば善光寺式臼座にのって蓮台をもつ観音像で、全身二尺許と註がある。おなじ『東蝦夷日誌』の勇払領には弁天社に円空

円空　洞爺湖観音堂の観音（北海道伊達市　有珠善光寺）

作地蔵菩薩像があるとして、その前立の惣長四尺の木像をスケッチしている。海上安全のため古槐でつくったものというが、円空以外の遊行僧の作であろう。

最後に「うすおくの院の小島」の像は、たしかに洞爺湖上の観音島に現存する観音像である。背銘をみれば菅江真澄に誤記があり、竹四郎は七月廿八日を廿六日と誤っただけで、あとは正確なようである。

うすおくのいん小島
江州伊吹山平等岩僧内
寛文六年丙午　七月廿八日
始山登　円空（花押）

この像は数年前盗難にあい、発見されてからしばらく有珠善光寺の郷土館に陳列してあった。こんど洞爺湖観音島の観音堂へもどってから行ってみると、また一段と像がいたんで陰刻背銘がいっそうよみにくくなったような気がする。

洞爺湖は臼嶽（有珠山）のかげにできたカルデラ湖で、臼嶽とおなじく神秘の湖としてアイヌにおそれられた。したがって善光寺の臼嶽登りには洞爺湖中島の観音島を奥の院として詣でるならわしができたのである。菅江真澄もアイヌ二人を道案内に臼嶽から湖水

（トフ）におりた。麻苧や牛蒡が自生していたり、芒、真葛、萩がうつくしく、鬼萱を折り敷いて弁当をつかったり、虎杖原をわけて蕨（トッパ）をとったりして、臼嶽登りは結構たのしかったらしい。

臼嶽はいま大臼と小臼になっているが、小臼はちょうどいまの昭和新山のように、徐々に溶岩が盛り上がってできたものである。真澄はスケッチに小臼がいまの昭和新山とおなじく、煙をふきあげている光景をかいている。昭和新山は小臼の溶岩噴出がおさまってから芋畑にふきだした第二の小臼で、昭和新山がおさまれば第三の小臼が大地の腫物みたいにどこかへ噴きだすことだろう。いずれも臼に似た形がおもしろいが、ウスの名はアイヌ語のウショロ（湾）の意だという。だから有珠（字須）の入江の名がさきにあって、臼嶽（ウショロノボリ）の名はあとからついたのである。これにたいし洞爺湖の方は真澄も竹四郎もただ湖水（トフ）とだけよび、『松前誌』や『松前旧事記』は阿武田沼（虻田沼）とよんでいる。

洞爺湖も赤屋根青屋根の温泉街ができて有名になりすぎたため、円空や真澄のおとずれたころの幽邃さはない。しかし雨の日に、中島がかすかにけぶるとき湖畔に立つと、原始の湖水（トフ）が再現するようにおもわれる。竹四郎はこの湖畔が極楽浜とよばれたと書いているが、これも恐山の宇曾利湖の極楽浜にならって、円空や貞伝が名づけたのではないだろうか。竹四郎は、湖中に三つの島あり。是に小堂有て円空鉈作りの仏を安置す。

と書いて、背銘と仏像のスケッチをのせている。真澄によると、中島は大蛇（オヤウ）のすむ親嶋と、小蛇（トコカムイ）のすむ弊毗島と、兎の多い兎島の三島があるというが、観音島のことはなにもいわない。これは観音島の円空仏が真澄のおとずれたころにはなくて、寛政十一年に松田伝十郎によって移しまつられてからこの名が出たことをしめすものである。

それでは円空は洞爺湖へ来たことがないのであろうか。この疑問は洞爺湖観音背銘の「始山登」とあることで解けるのである。ここに始山登とあるのは、いうまでもなく円空がはじめて臼嶽へのぼったことを意味する。それまでアイヌ人はこの火を噴く山を神としておがむことはしても、あえてのぼらなかったのであろう。円空が臼嶽へ初登頂して湖水（トフ）へ降りたとき、彼は中島の神秘にうたれて有珠善光寺の奥の院としてまつろうとしたものとおもわれる。元来アイヌ人は臼嶽ばかりか湖水（トフ）にもあまり近づかなかったらしい。アイヌ人の伝承ではすべて湖水には翼のある蛇体の神が住んでいるとされ、それらはラプシオヤウ（翼ある蛇）とかラプシヌプルクル（翼ある呪力ある神）とよばれた。『ユーカラ』のなかにも、オキクルミとサマイウンクルをラプシオヤウが追いかけて、サマイウンクルを疲れ死にさせたが、ついにはオキクルミに斬り殺されて、冥界へ追われる話がある。アイヌ人はこのような蛇神（オヤウカムイ）のおる湖をカムイト（魔神の沼）とよんで近づくことをさけた。洞爺湖もまた蛇神（オヤウカムイ）の住むところと信じられていたから、近づかなかったのであろう。ただ疱瘡のはやるときは、疱瘡神は蛇神（オヤウカムイ）の悪臭をきらうと信じて洞爺湖へにげこんだという。恐怖神が恩寵神に変化する例である。

またアイヌ人は湖水には湖水いっぱいになるような大あめます、がいるといいつたえていたが、洞爺湖にも鹿を丸呑みにしたあめますの伝説がある。このような伝説を道案内のアイヌ人からきいて、菅江真澄は洞爺湖中島の親嶋に大蛇（オヤウ）が住むとか、三尋にあまる水鮭がおるなどと書いたものらしい。あるいはオヤウの住む島ときいて真澄が勝手に親嶋と名づけたのかもしれない。しかしともかく臼嶽と湖水（トフ）にはアイヌ人がおそれて近づかなかったのを、円空は臼嶽登りの念仏登山をはじめたり、洞爺湖中島を有珠善光寺の奥の院として、参拝する信仰行事をはじめたものと、私は推定する。この意味で円空は洞爺湖開発の恩人であるから、温泉街はもっと円空に感謝すべきであろう。

しかし私の円空仏調査も八月ではまずかった。いくらわけをはなしても八月の洞爺湖温泉街は、私とカメラの後藤さんと令息の隆之輔君（明大生）、それにマネージャー役で加わった大学院の関君との一行四人が、宿をみつけることができないまでに、ふくれあがっ

円空　洞爺湖観音堂の観音背銘
（北海道伊達市　有珠善光寺）

ている。やむなく虻田の駅前までもどって宿にありついたが、これは次の日に展望台から中島の写真をとるには好都合だった。
中島は三つの島からできている。真澄が大蛇（オヤウ）の住む親嶋と書いたのがいちばん大きくて、いまは中島といえばこの親嶋をさす。その左手前に瓢箪形（ひょうたんがた）にくびれて二島にみえるのが、観音島である。ほかにもっと小さな饅頭島（まんじゅう）があるが、これが真澄のいう兎島で、観音島は弊毗島であろう。どうやら真澄はアイヌ人におどかされて、この島へは上がった。らなかったらしい。

私たち一行は観光船会社の好意でボートを出してもらい、円空仏をまつる観音島へわたった。湖上からは南に大臼、小臼、昭和新山が見え、北には真澄が「不尽を三河、遠つ淡海の高山よりうち見たらんにことならず」と評した後方羊蹄山（シリベシ）がのぞまれる。しかしこの湖水は中島がすこし大きすぎて、せせこましい感じである。観音島はもと湖上遊覧船が停泊して自由に上陸できたが、いまは円空仏をまつる観音堂の縁日と特志の者だけしか人を上げないという。廃墟のように桟橋も朽ちかけている。弊毗島の名のような蛇は見なかったが陰気な島である。観音堂の後には火山特有の風穴があるとみえて岩石の堆積の間から、つめたい空気が吹きだしている。このような環境で円空仏は所をえたように、くらい堂のなかに鎮座していた。

この円空仏は寛文六年の背銘があるので、円空の彫刻の変化をかんがえるのに貴重であるばかりでなく、すでにのべたように、彼の宗教活動を知る上からもたいせつである。この種の白衣観音は関東では日光田母沢の明覚院、春日部市の小渕観音院（105ページ）、大宮市中川円蔵院、おなじく、大宮市島町の山崎正俊氏蔵の小品などがある。美濃では関市下有知竜泰寺、美濃市曾代薬師寺などにもある。これにたいして北海道の円空はいたるところで観音像をつくるが、それは私が「来迎観音」と名づける、蓮台を定印の上にのせる形式が圧倒的に多く、白衣観音は洞爺湖中島が唯一のものである。白衣観音は宋画以来山中の巌石の上で渓流の音をききながら瞑想する観音とかんがえられているために、臼嶽と湖水の信仰にあわせて円空はこの観音をえらんだのかもしれない。この像は面相の上半がいたんでいるが、円空初期の作風をしめす相好や衣文の特徴をよくのこしている。

円空仏の在銘作は寛文四年の美濃美並村（郡上郡）福野の白山神社の神体、阿弥陀如来像がもっとも古いとされる。しかし私は像そのものには紀年銘はないが、奉納札に寛文三年の墨書銘があって「円空修造立」と円空自筆でかかれた、美並村根村、神明神社の天照皇太神と阿賀田大権現の方が古いとかんがえねばならぬとおもう。そしてこれよりもっとさかのぼるのが、序章にのべた神野（美濃・関市）の白山神社の三体である。このほか飯沢匡氏は『異説円空論』で上之保村川合（美濃武儀郡）の南陽寺の十四、五体の木彫が、円空初期の作品ではないかと推定している。私は実見していないので何ともいえぬが、もし円空の亜流の作でなければ、神野白山神社像と根村神明神社像の中間で、円空の習作または模索時代の作品ということになるかもしれない。

ともあれ円空はこれらの作品を制作しているうちに、津軽から北海道にかけて分布する一つの様式を完成する。それは満月相にうれいをふくんだ伏目、ひくく彎曲しているがするどく隆起する鼻梁、口元は微笑をふくみ頸はなく、通肩の衣帯をゆるくかけ、これを細い線刻衣文の並行線でかざる。手は膝の上で定印をむすび、多く小さな蓮台をのせる。台座は岩座または臼座に筋彫蓮弁の二重台座。洞爺湖観音はこの様式のなかで、化仏をつけた宝髻の上から白衣をかむり、高い岩座だけの台座にのっている点がことなるのである。

円空はこの像に自分の出身を江州伊吹山平等岩 僧内と書いた。これは彼の渡道以前に所属した修験僧団をあきらかにした唯一の資料である。すなわち修験には私が「地方的霊場」と名づける山を中心に形成される小集団があって、近世封建体制で四大修験（大峯・羽黒・石槌・彦山）に統制されても、なお国峰などと称して一国または数ヵ国の初穂米勧進権をみとめられていた。伊吹山麓の太平寺にはそのような修験小集団が細々と存続していたが、そのほかに山上の行場を管理しながら、白山、立山で修行する実践的山伏が「山先達」などとよばれておったわけで、平等岩僧は平等岩（行道岩）の行場で登山者を導く先達山伏だったとおもわれる。

円空は北海道へわたってからまず太田権現の窟にこもったのち、有珠に来て如来堂を再興、臼嶽登りや百万遍念仏などをはじめ、やがて礼文華窟にこもった。そして洞爺湖観音もこれをみずから観音島におさめずに立ち去った。それは他の仏像とおなじように、後人がかならず観音島へまつってくれることを予知したからである。私はこの礼文華窟をぜひたずねたいとおもい、車を礼文華峠まではしらせた。この窟へ行くには礼文華の浜で船を雇うか、国鉄室蘭本線の貨車に便乗して、小幌信号所で降ろしてもらうほかはないということであった。しかしどちらもあと一日の滞在が必要なので、鵯越の逆落しのように一キロほど断崖をくだる山道が、礼文華峠からわずかに通じているときいて、いそいだのである。このあたり国道が改修されて峠には立派な隧道ができ、いまやコンクリート巻きが完成する直前であった。工事事務所でもう一度道をたしかめてくだりにかかるころ、雨が落ちはじめた。大きな山毛欅林の下に海岸が見えるはずであったが、まきあがる霧で見えない。真澄もこのあたりで背丈よりたかい虎杖のあることをしばしば書いているが、植物界は江戸時代も現代もおなじであった。虎杖や蕗はよほど寒地が好きとみえて、北海道では野放途もなく、化物みたいに大きくなるのである。私は先頭に立って蕗と虎杖の林をかきわけながら進んで行くうち、道を失ってしまった。雨脚ははげしくなるばかりである。同行の三人は心細がりはじめたが、私は心中意地でも窟まで行かずにはおかないとおもっている。そのうちだれかが下りの道をみつけ、蕗を傘代りにさして下ってゆく。それは雨がふれば滝になって水が落下するような急坂であった。熊笹が雨にぬれて踏むと滑り台のようにすべる。泥がやわらかくなってこれもグリス油のようにすべる。あまりよくすべって何回も尻餅をつくので、私はおかしくなって腹の底から笑いたくなった。すると円空に憑かれていた呪縛が急にとけて、もう止そうという気になる。第一これでは仮に窟まで下れても、のぼって帰れそうにもないのである。私が我を折って旗を巻くというのは、よくよくのことである。それを知っていればこそ、仕方がないとあきらめてついて来た三人であるが、私が急に踵をかえしたので、かえってけげんな顔をする。まことに癪なことであった。

以上のような次第で、天の利、地の利ともに我に味方しなかったため礼文華窟の円空遺跡に立つことはできなかった。窟には真澄が「背のなからは朽て文字のよみときかたく」としるした円空仏が、首は後補で胴もひどく腐蝕しているという。有珠善光寺からたのまれた留守居が一家族、窟のそばに住んでいて、外界とは数日に一回の便船で通じているだけとのこと。そのような人々と語り合いたいとおもったが、それもできなかった。

しかし真澄はくわしく窟のありさまをかいてくれている。五体の円空仏のおさめられた窟に相対する別の窟に笹の家があって、その奥に祠がまつられ、たくさんのイナヲ（幣）があがっていた。好奇心のつよい真澄がこの方の窟へ入って行くと、なかには鬚のながい眼の大きいアイヌが居って、机をすえ、蓆をしいて、その上で祈禱をしていた。本来この窟もアイヌの聖地で、祈禱師が住んでいたのを、円空は仏像をつくって有珠善光寺の奥の院にとりこんでしまったのである。

2　帆越岬の鷹

私は有珠と洞爺湖と礼文華のつぎに、西海岸の太田権現へといそいだ。途中八雲町山越の諏訪神社に「いうらつふみたらしのたけ」の背銘ある円空仏のあることはきいていたが、御神体はもうこりごりなので敬遠した。

遊楽部岳は八雲から鉛川にそうて入る霊山である。ここから道は熊石街道となり、いま東西縦貫道路として大工事がおこなわれ、発破の通行止がところどころにあった。やがてすばらしい観光道路になることであろう。

熊石は西海岸の和人地の北限であったから、太田権現の管理も、熊石の門昌庵にゆだねられていた。私は木喰行道の安永七年（一七七八）七月吉日の納経帳に、

奥州松前庄熊石邑　太田山　本地大日如来
門　昌　庵

とある太田山をさがすのに苦心した。そしてこれを熊石から海岸づたいに、約四〇キロ北へのぼった太田権現であることに気づいて、いろいろの問題が解決されたのである。その第一は円空と木喰の出会いであるが、すでに『微笑佛』にかいたので、いまはのべない。

熊石から久遠までは西海岸特有の磯の多い海で美しい。久遠と貝取澗は昭和三十年に合併して大成村となり、モダーンな役場ができた。太田権現の様子をきこうと役場へ寄ったが、とてものぼれないからよしなさいという。それでもここまで来て引き返すわけにもいかないからと出発、帆越岬に近づくと海猫（鷗の一種）が岩の上に何千となく群れて、す

こしも人をおそれない。難所といわれた帆越岬には、切り通しで道路がついて、舗装までされているのにおどろいた。菅江真澄は久遠から船にのってこの帆越岬をこえ、

あら浪の　からきおもひに　ふねはやみ
か丶る帆こしの　山めくりして

とうたっている。ここにも運上屋があって、真澄はそこでしばらく休んで太田権現へのぼった。ところが道のかたわらには、木の根を斧(おの)で菩薩の形に彫刻して、これに衣をきせて手向けたのがあったという。しかしその道はひどく急で、最後は鉄の鎖につかまってのぼったというから、今も昔もおなじらしい。真澄はここで、

斧作りの仏堂のうちにいと多くた丶せ給ふは淡路の国の円空といふほうし(法師)のこもりて、をこなひ(行)のいとまにあらゆる仏をつくりをさめ、はたこと(異)すきやう(修行)者も近きころ此いはや(窟)にこもり居て、はろ〳〵と高き太谷(ミタニ)へたてたる岩のつらに、注連引はへ木のたかくつ(高沓)をふみて山めくりをそしける。その木沓の猶のこれり。小鍋木枕火うちけ(打笥)なと、岩むろのおくにありけるか（中略）いささかいはのうへをつたひて、又岩のうつほ(洞)ありけるにも、円空かつくれる仏のみかたしろあり。

と、円空仏や窟ごもりの修行者の高下駄、小鍋、木枕、火打笥など、聖の生活の跡を見た。円空のこの窟での生活がしのばれる。真澄はここの静寂と、仏法僧鳥の声のありがたさに感激しているが、西風の吹く日は脚下の岬にくだける潮騒が静寂をやぶったことであろう。

私はまず太田の村に入っていった。断崖にかこまれて、どこへも逃げようのない袋小路の小さな平地に五十戸の村があった。しかし前面の海は無限の宝庫であるらしく、海草や魚が空地という空地に干されて、ゆたかさにあふれている。村のなかに潮音寺という無住の寺があり、円空の不動を改鋳したという鉄製の不動尊を本尊としていた。いうまでもなく太田権現の本地仏で、もとはこの寺に止住する聖が権現を管理したのである。太田権現の本地は元禄十七年（一七〇四）にここに納経した越前の回国僧空念の納経帳では地蔵菩薩であり、木喰行道のころは大日如来となり、文政年間（一八一八―三〇）に不動明王が安置されたという。天保十二年（一八四一）に備前国岡山の僧増賢が、大日如来をまつって大日堂を建立しているので、大日信仰は継続していたのかもしれない。

瀬音寺の須弥壇の矜羯羅童子像を裏返してみると「黒森山寂導作」と彫ってあった。寂導は円空、木喰同様道内各地に手彫りの仏像をのこした遊行聖である。寂導もやはり太田権現にこもったことがこれでわかる。

元禄の末年にここへ来て祭日をしるした遊行僧空念の『空念納経帳』では、太田権現の祭日は六月廿四日であり、海岸の帆越大明神は六月廿二日である。しかしいまは不動尊の縁日をとって六月廿七、八日であるという。もと帆越岬の沖を通る船は、帆をおろしてこの神に敬意を表したというし、いまでも鮭鱒漁業船団はエンジンをストップしてから通るというほどの信仰があるので、祭日にはあの急坂と鉄鎖を千人以上の人がのぼる。各地からの賽銭だけでも三十万円ぐらいあつまるという。

　このような話を村人からきいて、私たち一行は直立したような石段を鉄の手摺につかまりながらのぼりはじめた。ふと見ると石段の上に大きな鷹が一羽じっとうずくまっている。私が近づいても飛び立とうともせず、金のような目で人間をギロリギロリと見上げるだけである。私もおそるおそる手を出して、嘴を警戒しながら抱き上げたが、じっとして逃げようとしない。よく見ると片足の関節がふくれ上がって、曲がったまま癒着している。するどい爪のある指先も全然うごかないので、おそらく獲物をとれないために、空腹で落ちたのであろう。空の勇者らしく、いさぎよくあきらめきって、死を待っていたらしい。ここへつく前に高くそびえた断崖の上を飛翔する鷹を見たが、この仲間をさがしていたのかもしれない。それにしても叢にかくれずに、太陽の照りつける石段の上におるとは解せない。まず私は水がほしいだろうとおもって、山清水の筧があるのに嘴をつけてやると、力なく呑んだ。しかしもう駄目かもしれぬとおもったので、日陰になった叢のなかにそっとおいて石段をのぼった。

おそらく円空がここにこもったころには、多くの鷹がこの断崖に営巣して、円空の無聊(ぶりょう)をなぐさめたことであろう。鷹は江戸時代の北海道の特産であったが、とくに断崖のつづくこの西海岸に多かった。江戸初期で松前藩の管理する鷹打場(たかうちば)（鳥屋場）は三百九十ヵ所をかぞえた。そこで鶏を餌にして、伏せ網で捕獲したのである。鷹は松前藩の有力財源の一つで、藩主だけで年一、二千両の収入があったが、ほかに藩士の知行鷹打場でとれたものも、江戸鷹屋武左衛門の手で高価に取り引きされた。鷹狩は江戸時代の高級武士のあいだに流行したスポーツで、いまのゴルフにあたるらしい。そのため高いときは一羽三十五両もしたという。『松前蝦夷記』によると、

家中（藩士）にて鷹取申候えば、鷹のよろしきは吟味いたし、志摩守方え取上げ、鷹の位により、十両、二十両、或は三十両にも買取申候。其余は自分々々にも売申候よし。

とある。円空が渡道した寛文、延宝ころ（一六六一—八一）の松前藩の掟(おきて)では、鷹の餌にする犬を家一軒につき三匹ずつを飼わせていた。松前藩から将軍家へ鷹を献上するときは、通過する宿々では町年寄、宿主が羽織袴(はおりはかま)で、先払同心二人をともなって出迎え、宿前には高張提灯(たかはりぢょうちん)を立て、不寝番四人をつけた。しかも餌鳥として鶏三羽と小鴨(たかぶ)五羽をさしあげた

というから、ゴルフとは大分格がちがう。そのような鷹もいまや地に落ちる時代となった。
石段が尽きるころから、沢を一つわたって山毛欅(ぶな)と樺(かば)と朴(ほう)の密林へ入る。カメラを持った後藤さんには無理な道とおもえたからここで待つようにすすめたが、ゆっくり行くからどうぞお先にという。実は私自身も無理とおもえたのだったが、こうなると意地くらべになる。これは道などというものではない。ただ木の根、岩角につかまって梯子(はしご)のように真直ぐに這(は)い上がるのである。久遠の役場で止めたのはこれだなとおもったが、地図の垂直高度で三五〇メートル位と知っていたので、頑張ってしまう。ところどころ密林の切れ目があると西海岸特有の断崖と、はるかなる奥尻(おくしり)の島が見える。これは円空も木喰も空然も寂導も、そして菅江真澄も汗をふきながら、ながめた風景である。

突然明るくなったとおもったら、密林から草一本生えぬ断崖の中腹に出る。そこに幅一尺の桟(かけはし)が洞窟(どうくつ)の真下までのびている。洞窟は一〇メートルほど上に開口しているのだが、その垂直の壁面には鉄鎖が十本ほどさがっていて、曲芸師のようにそれをよじのぼらなければ窟のなかは見えない。しかし私はもうここまでくれば円空にあったようなものだとおもった。何も命を賭(か)けることもあるまい、目的は達したのだとおもって、はるか下の帆越の岬と荒海を見おろした。円空はここから岬の上を悠々と飛翔する鷹を見ながら、仏像を彫ったのである。その雄々しく、猛々(たけだけ)しい姿に円空ははげまされたであろう。

そのうち一行は次々に到着する。いちばん最後に、まさかとおもった後藤さんがのぼりついたのにはおどろいた。しかもせっかく来たのだから、洞窟までのぼりましょうやと、とんだことをいいだす。こうなると一議におよばず私が先頭を切る。いよいよ腹をきめればあとは簡単である。鉄鎖は数が多いので、一つ足をかけ損じても別の鎖にかかるから、案外に安全性がある。私はただ壁面だけを見つめて鎖を足さぐりしながらのぼって行った。最後に洞窟へとびこむところがまた命がけだが、洞窟から下を見たとき、こんな無茶なことはもう二度と御免だとおもった。

洞窟のなかは三畳敷位の広さで一隅に不動明王の祠がある。しかしここでは動くこと自体が死につながっている。その死と四六時中直面して、命がほしいとおもう自我とたたかうのが、優婆塞（うばそく）聖の「行」である。このようなところでは、うっかり眠って寝返りでもうったらおしまいだから、眠らなかったろう。あるいはこんなところで眠ることも、行だったかもしれない。真澄はこのなかに、円空法師のつくれる仏の、いと多く立たせ給うを見たというのだが、それはいつのころか焼けてしまって、いまは「昭和九年作、出羽庄内住、賀東風岳作」という銘の不動像がある。

この洞窟へ入ってみてわかったことだが、これは南西へ開口していてさえぎるものがなく、ここでともす灯は岬を通る船からは、灯台の用をなしたらしい。本州各地でも漁民や船乗りの信仰をあつめる神社や仏寺は、常夜灯が灯台の役をしたといわれるものが多い。瀬戸内海を通る船と金比羅（こんぴら）社の常夜灯、大阪湾における淡路（あわじ）洲本（すもと）の先山千光寺（せんざんせんこうじ）の常夜灯、紀淡(きたん)海峡における犬鳴山七宝滝寺(いぬなきさんしっぽうりゅうじ)の常夜灯、熊野灘(くまのなだ)を通る船と志摩(しま)の青峯山正福寺(あおみねさんしょうふくじ)の常夜灯などで、金比羅や青峯山の沖では、軍艦さえエンジンをとめて、賽銭を入れた樽(たる)に寺社の名入りの小旗を立てた、いわゆる流樽(ながしたる)をながしたことは有名である。これは帆越岬のような海の難所といわれるところでは、当然におこる信仰であるが、これがアイヌ時代からであるかどうかはわからない。しかしここにこもる行者は、太田の村人よりは船乗りによって信仰されたことはたしかである。私は帰途ふたたび下から、そびえたつ大岩壁の中腹にある洞窟をあおぎ見て、この感をふかくした。

私はこの窟で円空仏を見ることはできなかった。しかし円空仏の魅力の秘密が、このようなつねに死と直面する窟ごもりにあることは、十分みとめることができた。窟のなかの危険と孤独はもとより、食事や水をえるためにも、用便のためにも、いまよりもっと危険な鎖わたりをしなければならなかったはずである。人は絶体絶命の危地に立ったとき必死になる。その必死の精神状態でつくられたものは、芸術も和歌も思想も人の心を打つ。それは宗教と一枚である。円空はこの境地を「一心」とかんがえ、「一心」をくずした花押(かおう)をつかったのかもしれないのである。

私が太田権現の石段をおりて、さきほどの叢を見ると、鷹は目をつぶって横たわっていた。もう駄目かとおもって抱きあげると、急に元気付いたらしく目をあける、しかしこのままおいては死ぬことは確実なので、関君が抱いて車にのる。久遠の村には鷹の餌付(えづ)けのできる人がおるかもしれないとおもったからである。鷹はそのうちだんだん元気になって、大きな羽をひろげたり、関君の足に爪を立てたりした。これを村役場へもちこむと、いささか無聊をかこっていたらしい役場は大さわぎである。私たちはあとの手当を託して久遠の村をあとにした。

西海岸で円空がこもって仏像をきざんだとつたえられる窟は、久遠から熊石の村をすぎて江差へむかう途中の黒岩にもある。どうしてあそこへ入ったかわからない地上三〇メートルほどの立岩にうがたれた、間口二間、奥行一間、高さ一間ほどの自然洞窟で、足場はまったくない。国道の傍に「円空上人の窟」の標柱があり、五万分の一の地図ではそこに寺の符号がついている。いま寺はないが、窟の下に最近まで行者のこもるような庵があったのではないかとおもう。

もう一つ、江差から松前へむかう途中の上ノ国村で木ノ子の光明寺の円空仏も、近くの滝沢の滝にこもってつくったとの伝承をきいた。

いま西海岸から津軽海峡沿岸に見られる円空仏は、熊石の根崎神社の神体の聖観音立像と、上ノ国村観音堂の十一面観音立像のほかは、大体同一様式の観音、または阿弥陀の座像である。これは津軽や下北にもある様式だが、その詳細は次節で説明することにして、ここでは根崎神社像と上ノ国観音堂像とを簡単に解説しておこう。根崎神社像は台座共九二・五センチの立像で、身高五九センチある。割合扁平な片剝の自然木をもちいており、切り口も疵だらけで、ありあわせの材であることがわかる。全体にぎこちなく両手を不自然に胸につけているのは、技術が未熟のためか、原型が石像にあるかのいずれかであろう。この時代に共通してチャップリンの歩き方のように、足をひどく外開きにそろえる。両袖と裳の褶は飛鳥仏風に鰭状突起を八段に出す。北海道では普通やわらかな絵画的線刻衣文をつかうのに、これは飜波式に似た、片削溝彫衣文である。しかし高い宝髻と柳葉状の慈眼、鍵型耳、彎曲鼻、頸無胴などすべて円空の特色が見られる。初期のぎこちなさはあるが、真面目ですっきりした、好感のもてる作行である。

　上ノ国村観音堂の十一面観音立像（総高一四五・七センチ）は面相がいたんでずんべらぼうであるが、これは海岸にながれ寄ったものだという。これを長谷川某氏がひろったという由緒書を、八幡社の松崎神主がもっていると、あつまって来た観音講の老婆たちが話してくれた。しかし、これも江差町泊観音寺の木喰作地蔵菩薩像とおなじく、信者のあいだを持ってまわったり、海の水につけて禊させる行事があったのであろう。厚さ五寸、長さ五尺、幅一尺五寸位の板を素材にして彫ったもので、後年のように丸太の二つ割り、四つ割りをつかったものではない。観音講の老婆たちはこの像に坊さんの法衣と袈裟をきせて、毎月十八日におがんでいる話をしてくれたが、私はフンフンと返事しながら、連日のつかれでいつのまにやら居眠りをしてしまった。

　上ノ国から木ノ子、石崎、原口、江良など西海岸の断崖上の九十九折の道は、木ノ子の光明寺で生命の保証はしませんよとおどかされた道であった。途中で沛然たる驟雨が来た。フロントグラスが割れるような雨であった。次の人家集落まで一〇キロはあるとおもわれるその道で、ずぶ濡れで歩いている老人に追いついた。私は車を停めてのせようとおもったが、あれで乗られたら座席がビショビショですよという声がして、私は車を停めそこねた。老人を追い越すとき見れば、七十を過ぎたような老漁民であった。私はその日一日、その老人が心の重荷になった。

3 北海の来迎観音

北海道西海岸の江差から松前までは断崖の連続であるが、少しの砂浜でもあれば、かならずそこにはさびしい漁村がある。鰊漁はなやかなりしころには、相当に繁昌したのであろうが、いまはわずかばかりの烏賊漁と鱈漁とホッケ漁に、昆布をひろいながら、出かせぎの若者の仕送りをたよりに生きる老人と女房たちの村である。細長い村の海側にはかならず、稲架のようなイカナヤが組まれ、そこに烏がとまっている。この烏は厚かましい人間を「松前の烏」というくらい、図々しいので音にひびいている。貧しい漁民の烏賊を自由に失敬するばかりでなく、子供の手にもった菓子までとりに来るのだそうである。烏のはびこるところでは、人間はあまり繁昌しないものである。

このような漁村には寡婦が多い。漁業に海難はつきものであるが、とくに北海道西海岸には、悲惨な大量遭難がしばしばつたえられる。北海道を舞台のテレビドラマ「旅路」もこの海難からはじまったように、北の海には嘆きが絶えない。テレビ、ラジオの非情な電波はその嘆きを生のままわれわれにつたえることがある。冬期にみぞれまじりの西北の突風が吹くと、数十人から数百人もの遭難があることとさえめずらしくない。海難のように、

円空　観音（北海道熊石泊川町　北山神社）

父と兄弟あわせて三人、四人と男の働き手をすべて失うという哀話は、陸上ではかんがえられないことである。海岸で茫然と海をながめる老人や老婆を見かけることがあるが、それは遠いむかしに、海底にしずんだ肉親の幻を追っているのかもしれないのである。私の故郷も海岸なので、盆の墓参りは数十名の名を刻んだ海難碑に、だれでもかならず線香をあげるならわしであった。

北海道の円空仏、とくに西海岸に多い円空仏は、この海難に関係があるものと私はかんがえている。私が北海道様式と名づけた熊石町泊川、北山神社の御神体のような観音座像は、宝髻たかく筋彫髪、うつむきがちの満月相、柳葉状の慈眼、彎曲した鼻、通肩の衣に並行曲線の線刻衣文、二重台座の上方は蓮座で下方は岩座または臼座である。そして何よりも大きな特色は定印の手の上に小さな蓮台をのせることである。なかには蓮台をもたぬものもあり、また宝髻と持蓮台を欠く江差町泊の観音寺阿弥陀如来像（33ページ）のような変型もある。しかし大部分は蓮台を持つのを、従来の研究者は、何の根拠をもってか聖観音とよんでいる。私はその根拠を知りたいとおもうのだが、このような作例はないことはない。

彫刻では平安末期の大原三千院内、往生極楽院の阿弥陀三尊の脇侍、観世音菩薩である。この三尊仏はいうまでもなく来迎三尊であるから、この観音は往生者を持蓮台にむかえとって、浄土へはこぶのである。絵画の方では高野山聖衆来迎図の観音が蓮台をもつ。当麻曼荼羅縁起絵巻でも法然上人行状絵図でも来迎図の観音はみな持蓮台である。また二十五菩薩練供養とよばれる来迎会でも、観音は蓮台をもって往生者をむかえるので「すくい仏」ともよばれる。また融通念仏や六斎念仏では、死者供養のためにしばしば「来迎和讃」をとなえるが、そのなかに、

ときに大悲観世音　ようやく歩み近づきて
紫磨黄金の身をまげて　蓮台かたぶけよせ給ふ
次に勢至大薩埵　聖衆同時に讃嘆し
大乗智慧の手をのべて　行者の頭をなで給ふ
遂に引接したまひて　金蓮台にのせたまふ
輪廻生死のふるき里　此時ながくへだたりぬ
すなはち金蓮台にのり　仏の後にしたがひて
須臾の間をふるほどに　安養浄土に往生す。

のところは、もっともよく人にしられた部分である。したがって私はこの円空仏の型を「来迎観音」と名づける。円空の北海道と津軽におけるこの型の作品は海岸と漁村に多く、漂流伝説をもつものが大部分なので、私は海難者の霊をすくいなぐさめる制作意図があっ

たものとおもう。

海難者のためにはよく海施餓鬼または流水灌頂といって、六字名号札や地蔵印仏を千枚とか一万枚、船の上からながす信仰がある。これはまた転じて豊漁祈願にもなっている。戎さん（水死者）を見つければ豊漁という漁民の信仰が、この反対にみえる二つの信仰をむすびつけたのであろう。このようなところから、海難者供養のために円空にたのんでつくってもらった観音をながしたり、豊漁祈願でながしたものが、漂着してまつられたものとおもわれる。

この種の来迎観音はまず熊石町泊川の北山神社に戎神、稲荷、三吉さんとともに神体としてまつられている。その南の乙部町では花磯（旧蚊柱村）の本誓寺三十三観音のなかに、この円空の来迎観音のあるのを、函館の郷土史家、須藤隆仙氏が昭和三十一年に発見、また須藤氏は花磯の南の三ッ谷でも、吉祥寺という無住の寺の観音堂から去年、金箔をぬられたもう一体を発見している。その南の元和は元和年間（一六一五―二四）に鰊漁の和人の移住でひらかれた村であるが、その元和八幡宮におなじものがある。その南の鳥山観音堂のも同様で、海岸の漁村ごとに存在する。江差町泊の観音寺のは北海道様式の変り種で、宝髻と持蓮台を欠く阿弥陀像である。江差町五勝手の柏森神社に神体として、冠と衣服をつけた来迎観音は、この海岸にながれ寄ったのを無住の澄源庵にまつっていたもので、ひどくいたんでいる。上ノ国村へ入って北村で無住の地蔵庵の来迎観音も地蔵さんのように赤や緑の着物をきせられ、頭巾に涎掛までしていた。ここの観音堂十一面観音が漂流仏であったことはすでにのべたが、木ノ子の光明寺のものは、もとこの村の稲荷社にあったものである。これを円空が滝沢の滝にこもってつくった伝承はすでにのべた。石崎に入るところにも岬の突端に赤い鳥居の立つ八幡宮におなじものがあり、個人で西村初男氏の所蔵もある。とくに西村氏の円空仏は久遠から奥尻島へ行くあいだの海上で拾得したとのことで、漂流仏の代表格だが、時間の都合で拝見できなかった。

　松前をすぎて津軽海峡につき出た白神岬をまわると、崖下のせまい海岸に片側だけ一軒ならびの漁村がながくつづく。それが福島町吉岡（旧吉岡村）で、その吉野区に浄土宗の吉野教会がある。寺名はないが、代々浄土宗の僧侶が管理者として住み、信徒の地蔵講と観音講の世話をしている。本尊は阿弥陀如来で、その前に保存のよい来迎観音の円空仏があった。ほかに十六羅漢と百万遍数珠があるが、信仰の中心は石地蔵で、二メートル五〇センチもある近世初期の立派な地蔵である。もと旧国道の峠にあったが、廃道になったのでここにうつされたのである。したがって昭和三十五年の発見まで、円空の観音像はとくに注意をひかなかったという。この像にはきれいな梵字の背銘があり、函館称名寺の円空仏に似ている。多少の相違はあるが、おそらく六観音をあらわした種子であろう。

セ（サで聖観音のことか）　サ（准胝観音）
キ（如意輪観音）　カ（馬頭観音）
ボク（バクのあやまりで十一面観音か）　バク（千手観音）

福島から国道が山へかかり、福島峠をこえて知内川にそうてくだると、知内で海岸に出てやがて木古内に入る。ここの佐女川神社の神体となった円空仏は、大漁の神としておどろくべき信仰がある。しかし注意すべきことは、それが円空だから信仰があるということではなく、神体だから尊いのである。佐女川神社縁起は、寛政の初めに松前奉行、河野広景が創始したとあるから、円空より百四十年もあたらしい。ちかごろ現在の社殿にうつるまでは、曹洞宗願応寺と同居していたので、円空仏も寺にあったのかもしれない。ところがこの観音さんは大漁祈願に霊験あらたかだという評判がたって、神社ができたものであろう。御神体（円空仏）の衣冠束帯をうやうやしくお脱がせ申して拝見すると、やはり漂流仏であったらしく、水に曝れた形跡がある。御神体が鮫にのって川をのぼってきたという伝説ももっともである。したがって大漁祈願にはもと海へながしたのであろうが、いまこれを木古内名物「みそぎ祭」にのこしている。

　正月十七日の祭には臨時列車も出て万余の人があつまるといい、保存会があって立派な絵葉書や「みそぎ餅」など売っている。これに奉仕するためにえらばれた四人の青年は、

円空　観音（北海道木古内町　佐女川神社）

一月十四日から神社にこもって潔斎に入る。付人三、四人がつききりで世話をするが、一日二十回ほど神社の庭で水をかぶるのはつらいらしい。しかし風邪をひいて祭当日出られなかったという事故は絶無というから、真剣なのである。本州各地でも正月の「おこない」(修正会、修二会)や頭人祭(宮座)に、若者が村人全体に代ってきびしい潔斎をする。それも海岸地帯でとくに行屋ごもりの苦行がはげしいから、木古内のみそぎ祭はこの系統をひくものであろう。あるいは円空がこの土地で、仏像を彫るにも、それをながして大漁祈願をするにも、このようなみそぎの範をしめしたのが伝統化したのかもしれない。ともあれ祭の当日になると、四人の青年のうちの一人が「別当」といって、円空仏の御神体(いまは模作をつかう)を白布にまいたのを抱いて海に入る。他の三人は「山の神」(狼の木彫墨塗)、「弁天」、「稲荷」(狐の木彫)の像に白布をまいて、抱いて海に入る。別当という名からして、円空をおもわす山伏の称号であるが、御神体は玉依姫命と称しており、円空の来迎観音が海神の娘たる女神として信仰されているのはおもしろい。円空みずから山の神や、弁天や、稲荷などの民俗信仰を管理する山伏である。だから山の神の天狗や、弁天の蛇(宇賀神)や、稲荷の狐などをさかんにつくるようになる。また海神をつくるとなれば八大竜王か善女竜王をつくったであろう。しかし円空はまだこのころはそのようにヴァライェティのある造像法をしらなかったのである。

ともあれ佐女川神社の円空仏は御神体として生きた信仰をもっており、衣冠束帯に身をかためて御本殿の奥ふかく御鎮座になっている。これを御開扉したばかりか、衣服をお脱がせ申すことは、宮司と木古内教委のなみなみならぬ御理解によるものである。私はその御理解にこたえて、円空の信仰内容と制作意図をあきらかにする重大な義務を感じ、単なる美術品として鑑賞するのは、大きな冒瀆だとおもった。

木古内ではなお泉沢の古泉神社にも、同様の円空仏があることをしっていたが、時間の都合で上磯町へいそぎ、茂辺地の手前で当別のトラピスト修道院へ道草をした。あまり天気もよいし、津軽海峡も波がしずかなので、一休みして修道院の岡から眺望をたのしもうとしたのである。しかしかんがえてみると円空とトラピストはまったく関係のないことではない。トラピスト修道院の特色は沈黙（silence）と労働であるが、円空も窟では無言の行をする。

当別のトラピスト修道院は一八九六年（明治二十九年）の創設であるが、このもとをなすシトー教団（Citeaux order）が清貧、童貞、服従を戒律とするベネディクト派から発展して、フランスの片田舎シトーの町にできたのは一〇九八年である。これは聖ロベール（St. Robert）がローマ法王の現世的権威主義に反抗して、清貧、瞑想、労働の修道生活によって、神に近づこうとしたものである。だから「祈れ、働け」をモットーとした観想修道院（Convent of Meditation）であるが、一六六〇年にはその分派がセーズ（Séez）にちかいラ・トラップ（La Trappe）にできてトラピスト（Trappists）とよばれた。これは沈黙・

菜食・農業・牧畜を実践して生涯修道院を出ることのない、きびしい修道院として有名である。

　日本でも律院や僧堂とよばれるものは、こうした修道院におとらぬ清貧、瞑想、労働がおこなわれているのだが、トラピストは農業と牧畜で自給自足経済に立つところがおもしろい。当別修道院の赤煉瓦の建物は、これをとりかこむ牧草地やポプラの並木道と対比して、ヨーロッパの中世修道院をおもわす古典的な美しさがある。それはまた夏の北海道の抜けるような空のコバルトブルーと津軽海峡のウルトラマリンともよく調和している。

　修道院ではアボット（修道院長）とゲストマスター（応対係）のほかは、訪問者と口をきかないときいていたが、応対に出たら若い修道士はこころよく中まで案内してくれた。立命館大学を出てここへ来たということで、京都がなつかしいようであった。修道院内部の構造や日常生活の話は、日本の庶民宗教を研究する私にも大へん参考になる。東も西も、貴族も庶民も、宗教という人間の精神活動ではまったく一つなのだ。

　ここでは午前二時に起きて朝禱（Matin）と瞑想が四時半まであり、小憩ののち早朝勤行（Prime）になる。それから七時には畑に出て労働がはじまり、九時には三時課の勤行（Tierce）、それについで聖餐式（Mass）である。正午には六時課の勤行（Sext）があり、それから午後の労働になる。一時間半か二時間働けば、個室で瞑想と読書がゆるされる。四時に晩禱（Vespers）、五時に集会室（Chapter）で軽食（Collation）、六時まで当番が精神修養書を声をあげて読むのを皆できく。それが終われば終禱（Conpline）をとなえ、七時の鐘で就寝となる。

僧堂なども大分似ているが、人間の宗教的実践の限界をしめすものであろう。円空のような聖は窟ごもりのあいだは、ヨーロッパの修道院とおなじく隠遁と一所定住と無言である。しかし一定の苦行をすませば巷に出て人間にまじわり、人々の依頼にこたえて予言や祈禱をする。観想修道院と活動修道院の双方を兼ねたのが聖の生活といえる。私のいう聖の隠遁性と苦行性と呪術性にたいする世俗性であるが、隠遁しても独善におちいらず、俗にまじわっても俗に堕せずというのがむずかしい。

私たちはすがすがしい気持で、当別修道院を辞去して茂辺地へ入り、曹渓寺（曹洞宗）の来迎観音を見た。この円空仏はひどくいたんでいたが、とくに顔面がひどい。これには史実か伝説かわからぬ話があって、この仏像はもとこのあたりの観音堂にあったが、コレラが流行したときお堂の隣の神社の禰宜が、子供の平癒をこの観音にいのった。ところが不幸にしてその子は死んだので、禰宜はおこって観音の顔をこのようにきずつけたというのである。どうも神仏分離、廃仏毀釈とごっちゃになったような話だが、病気のときこの観音の台座をけずってのむと、ききめがあるといったのはほんとうのようで、たしかに蓮座はけずられている。

しかしもう一説あって、上磯町富川の富川八幡の神体となっている円空仏も、これとおなじに目鼻がわからないが、これはもと子供たちがおもちゃにしていたからだという。これを制した大人はかえってたたられて病気になったなどという。そうすると曹渓寺仏も子供の遊び相手でいたんでしまったという推定がなりたつ。ともかく円空は村人の海難者往生と豊漁祈願にこたえて、各地に自作の来迎観音像をおさめた観音堂をたてた。それはやがて庶民信仰の対象となり、また子供の遊び場となっていたのであろう。曹渓寺も昭和三年に寺名をつけて、れっきとした禅宗の坊さんがすわるまでは宝樹庵といい、宝樹庵は享保十一年(一七二六)以前は茂辺地観音堂であったらしい。この観音堂の碑が門前にちかごろまであり、粗末な小仏像がたくさんあったが、いまはこれだけと住職は二、三体見せてくれた。北海道には円空、木喰のほかに寂導、浄円、遼天(りようてん)、貞伝、大蓮、意全など数多くの遊行聖の作仏があるので、ここにもそのようなものがあったのだろう。円空の来迎観音は一時ここから出て、川尻稲荷堂におさめられたが、そこの信者がもちかえっておがんでいた。昭和十年に松前懐古展のとき出陳されたのを機会に曹渓寺へもどったものである。

上磯町には上記富川八幡宮と上磯八幡宮に円空の来迎観音があることは、須藤隆仙氏の御教示でわかっていたが、いずれも割愛して函館へいそいだ。函館に近づくにつれて、円空が初登頂した駒ヶ岳(内浦山)が山容をあらわしはじめる。それを車からながめながら称名寺へ着く。ここの円空仏は北海道様式ではあるが、持蓮台を欠く変り種である。しかし宝髻があるので聖観音とすべきであろう。背に吉野教会像とほぼおなじ梵字があり、これも六観音種子のつもりらしい。

セ（サのあやまりで聖観音）　サ（准胝観音）　キ（如意輪観音）

カ（馬頭観音）　バーク（バクのあやまりで十一面観音）　バク（千手観音）

この像は須藤隆仙氏によると福島町吉岡出身の住吉氏所蔵のものを、称名寺に寄贈したものだとのことだから、吉野教会像と一具だったのかもしれない。

以上のごとく私の西海岸の円空仏調査では、熊石町根崎八幡、江差町泊観音寺、上ノ国村観音堂および函館称名寺をのぞいて、すべて来迎観音像であった。その他西海岸以外でも苫小牧錦岡の樽前山神社像、駒ヶ岳山麓砂原村内浦権現社像、八雲町山越諏訪神社像、寿都町能津登海神社像などすべて来迎観音像である。

円空はこの種の像を津軽にものこすが、なお美濃尾張へかえっても数体つくった。その一例が揖斐川町（岐阜県揖斐郡）市場の瑞巌寺像である。背銘に相違があり、六観音種子のかわりに金剛界五仏の背銘をもつ来迎観音である。おなじ背銘の来迎観音が尾張一宮市萩原の観音堂にもあるが、金泥をぬられて黄金仏となっている。この両像の銘は、とあるらしく、金剛界大日（バン）を中心に東方阿閦(あしゅく)如来（ウーン）、南方宝生如来（タラーク）、西方阿弥陀如来（キリーク）、そして北方釈迦(しゃか)如来（アク）を下方におろして、そこに観音（サ）をおき、両脇に毘沙門天(びしゃもんてん)（バイシラマンダヤ）を配したものと解釈できる。北海道、津軽での来迎観音が六観音種子であったのを、五仏種子にしたのは、円空の密教研究が一段すすんだことをおもわせる。そのほか多治見(たじみ)市普賢寺(ふげんじ)にも同様の来迎観音があり、愛知県海部(あま)郡大治(おおはる)村無量寺(むりょうじ)の来迎観音は立像である。

北海道円空仏の旅は多くの心残りはあったが、最後に函館市立図書館の好意で、休館中にもかかわらず、文献調査をゆるされて一応終った。このように事がはこんだのは郷土史家の須藤隆仙氏や藤井元了氏らのお膳立(ぜんだ)てのおかげであり、私の強行軍に同調してくれたカメラの後藤さん以下同行の諸君のおかげであった。私もついホッとした気のゆるみで、乞(こ)われるままに館長室に駄句の色紙をのこしてしまった。

北ぐにの　窟ぼとけに　夏の海

円空の北海道での作品は類型的な駄作どころか、庶民救済を誓願とする高い精神が表現されて、まことにここちよい。様式は一つであっても一体一体に個性があり、謹直な造型のなかにあふれる生命の躍動が感じられる。よほど心が清らかで敬虔でなければ、このような作品はうまれない。

これは北海道の円空が三十歳までで、その若さのゆえにひたむきな修行と開教と、清潔な作品を生んだものとおもっている。若くしてこれだけのものをつくる造型力はたしかに天才であり、とくに完好な熊石の北山神社像（61ページ）などは古典をこえる作品だといえよう。

円空が北海道を去ったのは寛文七年か八年であろう。そのルートは下北半島にむけてと推定していたので、私たちは函館から大間行のフェリーボートにのった。遠ざかる函館山と恵山の岬の上にいつまでも駒ヶ岳が見えていたが、夏霞のかなたではその麗姿もさだかでなかった。

夏がすみ　エーデル・フラウ　かくすべき

註　本文中のアイヌに関する用語及び記載は歴史的用語である。これを避けては、遊行聖の北海道布教を語れないばかりでなく、広い意味で聖の民間宗教・民間伝道における功績を明らかにできないと考えるものである。

（五来　重）

第二章

1　恐山の千体地蔵

函館からのフェリーは弁天島の大間崎灯台を左に見ながら、大間の桟橋につく。ハイヤーの争奪にもうまくいって、一六キロほど走って佐井である。ここの長福寺には円空の十一面観音立像がある。この像は北海道の上ノ国観音堂十一面観音像とほとんど同じ形式なので、二つをくらべることによって北海道の往きか帰りかがわかるはずである。しかし佐井のは保存がよく上ノ国のはいたんでいるので、その比較はあまりうまくいかぬが、大湊（むつ市）常楽寺の阿弥陀如来立像（一説では釈迦如来立像といわれる）となると、北海道より数段の長がみられる。しかし長福寺像の相好や頭部の扱いと踏割蓮座もいくぶんの進歩をみとめてよいのであろう。

円空仏は立像のプロポーションで成功しているものはきわめてすくない。これは素人仏師として無理からぬことである。だから顔面や衣文に注意を集中して、他を省略することによってこの欠陥をおぎなうことができる。そうすると全身のアンバランスや省略が、かえって効果的にはたらき、強烈な印象をあたえる。ところが佐井長福寺の十一面観音立像にしても、大湊常楽寺の阿弥陀如来立像にしても、あるいは後年の作である羽島観音堂十一面観音立像、飛驒清峯寺の千手十一面観音立像や伊吹山太平寺の十一面観音立像（150ページ）なども、頭上から足下まで全身をあまり綿密に彫りあげたため、不自然なアンバランスがめだつのである。室町末期から江戸時代にかけての石仏でも、このことがいえるようである。

佐井長福寺像も頭上から宝瓶をもつ手のあたりで切ってみると、堂々として無理がない。ところが下半身となると腰元がふらついて、立たせておくのが気の毒になってくる。これは腰裳の鱗状の褶のわずらわしさで助長されるのだが、立像には大ていこれをつかう。右手のまげ方や天衣の垂下線もぎごちない、ところが細部をとると事情がちがう。とくに頭上仏の十面の彫りの的確さはどうだろう。あどけない童顔の眉目、鼻、口は一鑿か二鑿で完全に生命があたえられる。

この引目勾鼻の大和絵風の線刻眉目は、円空の中期作品に多くあらわれて、軽妙な作風となっている。たとえば南木曾町三留野の等覚寺の弁財天十五童子および天神像（121ページ）や名古屋守山龍泉寺の木端仏、飛驒金木戸観音堂の十一面観音の頭上仏、大津三井寺の善女竜王あるいは八大竜王などがそれで、私のもっともこのもしい作品群である。

円空　十一面観音（青森県佐井村　長福寺）

円空の初期の作品が細部ですぐれている代りに、大作をこなしきれなかったということは、彼の彫刻が木地細工のような細工物から出発していることをものがたるものだろう。それは彼が優婆塞聖として若年に身を投じた「江州伊吹山平等岩僧」のなかに、近江木地師の伝統があったと推定するのがよい。近江は木地師の惟喬親王隠棲の地で、木地師の分布のもっとも多いところである。北海道でこのんでつかった素材の水松（オンコ）や、下北、津軽でつかうヒバ（アスナロ）やシナの木にしても木目が詰んで細工しやすいものばかりえらんでいる。佐井長福寺像も長さ一八〇センチ、幅三六センチ、厚さ一四センチぐらいのヒバの厚板にレリーフ状に彫ったものである。

伝承によればこの厚板はヒバの一木から三枚とり、運慶が三体の仏をつくって一体は佐井、一体は恐山、一体は平泉におさめたといわれてきた。そして佐井の像は真言宗の庵寺である六角堂にあったのを、火災のとき池になげこんだ。全体が黒いのはもと護摩でいぶされたからであり、俗に池から上がった仏さまといって信仰されたという。

佐井は旧幕時代には、津軽の三厩とともに、北海道への基地としてさかえた。小さな町のわりに寺も多く、元禄十一年（一六九八）の台風に佐井で十七隻の船が沈んだ記録があるので、港の繁昌ぶりが想像できる。しかしいまはすっかりさびれて、砂浜にならんだ家々は戸を閉めたきりで人気がない。恐山の下の大畑までの海岸の景色はうつくしいが、北海道とおなじく出稼の留守をまもる女房たちは、ながれよる海草をひろうのに胸まで水につかって懸命だった。

漁村　飢え　浜旋花のみ　咲き　ほこる
炎天の　バスを　逃げゆく　捨て小猫

恐山へは佐井から直接のぼる道があり、村に死者があると、川にそうた山道を恐山へ納骨したそうだが、私たちは田名部まで出て車をひろった。幽玄な山上は秘境ブームとでもいうのか、納骨にもイタコにも関係ない、いきのいいジーパンやスラックスの若者たちが、ショッピング・バッグをさげて、亡者の数よりも多いくらい霊場の中を右往左往している。霊場の入口に入場料徴収の関所ができたのは、寺も寺なら観光も観光、どっちもどっちだという気がしてくる。久しぶりで去年の七月、ここのイタコ市に来てみたら、やはり観光とやらの見物人ばかりで、口寄せをたのむ人はすくなく、イタコは閑散として、見えぬ目に弁当をひらいているのがあわれであった。私は恐山をあじわうために、人気のない営林署のヒュッテのある白樺林の方へ行くことにしたが、そこにもやはり雑踏をさけて石積みにゆく人があるらしく、会いたい死者とかたるには場所をかえなければならなくなったようだ。

こんどは私たちは円空仏に会えばよいので、地蔵堂の後堂へ入れてもらう。北海道でおなじものばかりつくっていたので、円空はここで片足倚座の聖観音を彫った。絵画的な線刻衣文は流麗であるが、肩や胸ばかりヴォリュームがありながら、膝がやせてしまった。十一面観音（総高一八一センチ）も佐井長福寺像とおなじで、ただ台座が踏割の点がちがう。しかし厨子から出ないので全容をおがむことができない。めざす千体地蔵も高いところに金網をかぶせてあり、詳細に調査することは困難であった。しかしすでにのべたように、円空の名がもっともはやく記録されたのは、この千体地蔵を円空が修補したという『和漢三才図会』の記事である。

千体地蔵は鎌倉時代以前からあった信仰である。奈良の元興寺極楽坊にのこった資料や、鎌倉の覚園寺地蔵堂のものなどがそれをしめしている。いずれも千体を一人で造立寄進するのでなく、大勢の信者で千体をつくろうとする庶民信仰からでている。千部経、千坏供養、千僧供養、万人講、百万遍念仏などというのもこれで、大きな作善を多数人の小善の総和で完成する信仰である。仏像なども一紙半銭を何百人、何千人で出し合って仏師にたのみ、できあがった仏像の胎内に、その連名（交名帳）を入れたものがすくなくない。これは功徳を融通し合うという信仰共同体意識で、もし念仏の功徳を融通し合えば、融通念仏である。わずかな掛金で災害には大きな金を保障する保険や、無尽の観念とおなじだといえる。社会連帯の庶民の知恵は、まず宗教共同体的講からうまれたのである。

ところがお寺の方はこうしてあげられた千体地蔵の貸出しをするようになる。病気平癒や安産などの祈願で一体借りれば二体にして返すところや、賽銭をつけて返すところもある。しかし返却不能になる場合だってありうる。するとその数は千体に足りなくなる。こうして不足した分を円空が補ったのである。『和漢三才図会』に、

> 開基慈覚大師、千体石地蔵を作る。中尊は長五尺許。其他は小仏なり。而して人取去って、今僅に存す。近頃僧円空なる者有り、千体像を修補す。（原漢文）

とあるのはこの意味である。

つぎに下北半島の円空の消息をしるしたものに、「万人堂縁起」なるものがある。万人堂が万人講によってつくられた名称であることはうたがいないが、この縁起は恐山山麓の田名部の熊谷氏で法号を生岩源無居士という人が、寛文八年（一六六八）九月吉日に書いたものとなっている。

> 因に国邑足跡の沙門、円空なるもの有り。来りて予の宅に寄宿すること、淹留月余。偶自ら大士観自在の尊像一軀を彫刻して、予に授く。（原漢文）

とあり、一宇の堂を建立してまつりたいが、自力の及ぶところではないので「万人の助縁

を募る」といっている。この縁起は『熊谷家譜』におさめられていて、これが寛政六年（一七九四）の編纂であるから、多少の作為があるかもしれない。しかし万人堂が退転したとき、この円空仏が熊谷家の檀那寺田名部の円通寺（曹洞宗）におさめられ、円通寺管理下の恐山にはこぼれた可能性がつよく、さきに見た恐山の片足倚座の聖観音像がそれにあたるとおもわれる。

下北にはもう一体の円空仏がある。現在田名部と合併して「むつ市」となった大湊で、来てみると昨日津軽海峡のフェリーで見た自衛艦隊がもうここに入港停泊しているような町である。町はずれの常楽寺（真言宗豊山派）には総高一四六・〇センチの阿弥陀如来立像があった。長福寺像よりも一段と進歩のあとがみられるので、後藤さんはすっかり感心してしまった。踏割蓮座にのせた両足の向きも自然であり、衣文も垂下の褶が擬似翻波式でうつくしい。前面の腹部から膝上までV字形の重複衣文は貞観様式に見られるもので、手本があるらしい。螺髪が大胆な切子玉風の面取なのは刺高数珠をおもわせる。しかしぎこちない両手のあつかい方や柳葉形の彫眼など、やはり初期の作であることにはかわりはない。常楽寺はもと田名部にあり、神宮寺といったのだから、本仏も神宮寺からうつされたものであろう。

要するに下北半島の円空仏より進歩しており、『熊谷家譜』も寛文八年来遊といっているので、円空は北海道から佐井へわたり、山道を恐山にのぼって十一面観音をつくったのち、田名部にくだって、しばらく滞在したと推定される。私は常楽寺にすっかり腰をおちつけた後藤さんをおいたまま、青森へむけて大湊から汽車にのったが、田名部の文献調査を関君にしてもらうため、赤川から田名部へもどってもらった。八月七日の青森は「ねぶた祭」で町は雑踏し、突然では宿もないので、津軽は再遊を期することにして、夜行にのった。

2　津軽野の円空仏

津軽へは十月ごろと予定していたが、その暇がなく、十二月三十日から正月六日までの東北行には羽黒山の松例祭と男鹿半島の円空仏をまわっただけで、正月の雪と列車事情は、私が津軽まで足をのばすことをこばんだ。ついで一月三十一日から羽黒山麓の黒川能をすませて青森まで行ったときは、連日の猛吹雪で、津軽線はほとんど不通状態にあった。まず油川の浄満寺の円空仏を見て、東北・北海道の開教が浄土宗名越派の回国僧によってすすめられていることにおどろいた。

名越派は法然の門下聖光（鎮西派祖）の弟子、然阿良忠（記主禅師）が鎌倉佐介谷の光明寺を中心に、関東八州に念仏伝道をすすめたとき、その高弟良弁尊観が名越善導寺でひらいた一派である。したがって辺境への布教伝道の活発なことは、イグナティウス・ロヨラのひらいた耶蘇会（Jesuits）と比すべきものがあった。関東の念仏はとくに善光寺の弥陀三尊にたいする信仰が中心となっているが、この一派ののびるところにはとくに善光寺信仰がうえつけられた。

円空がこの派とどのような関係にあったかはあきらかでない。しかし津軽では円空仏のある油川の浄満寺も三厩の義経寺も弘前の西福寺も名越派であり、蓬田正法院（曹洞宗）ももとは名越派だったのである。辺境と山間の民間寺院に浄土宗と禅宗が多いのは、念仏の回国聖と雲水の托鉢僧が縁故をえて、定住することによってひらかれたからであろう。そこでは当然、円空のような遊行者をあたたかくむかえる気風があり、ときには無住のところに、勝手にもぐりこむこともできたのである。

浄満寺は慶長十三年（一六〇八）に福島県三春の良波上人によってひらかれ、本堂は元和五年（一六一九）のものである。寺の過去帳をしらべると、三代目の良勝上人が寛文三年十二月三日に没しているので、円空の来訪はそのあとだが、四代目の良定上人が示寂未詳で定住者ではない。七代目の大蓮社良信単誉上人（元禄六年七月三日寂）というのが、北海道開教をした今別本覚寺住、良船貞伝上人の師で、中興上人といっているので、寛文、天和、貞享（一六六一—八八）あたりは住職が定住したかどうかわからない。円空はそのようなときに浄満寺をおとずれたのである。ここの円空仏は北海道様式であるが、宝髻と持蓮台を欠くので江差町泊観音寺像（33ページ）とおなじく阿弥陀如来であろう。なおこの像には北海道とほぼおなじ梵字の背銘がある。

（で聖観音か）（准胝観音）（如意輪観音かまたは馬頭観音）（馬頭観音かまたは十一面観音）（如意輪観音）（千手観音）

こんどの津軽行の同行は石崎氏だったが、防寒具の用意がなかったので、吹雪の津軽線は無理とおもい、青森へかえってもらった。私は一人で米軍払い下げの寒冷地戦闘服に身をかため、リュックには多少の食糧も準備して、汽車の行くところまで行くことにした。はたして蓬田をすぎて汽車は吹きだまりに乗りあげた。積雪二メートルで車窓まで雪だから、風が吹けばすぐ吹きだまりになる。車中に七時間も缶詰にされて命からがら青森へもどったが、車中は乏しくなった生鮮野菜を、青森まで集団買出しにゆく運び屋さんで足の踏場もなく、殺気立った異様な雰囲気だった。

かつぎ婦の　雪の　背籠に　　青菜みゆ

二日目も三厩をあきらめて弘前市内の西福寺の二体の円空仏を見た。吹雪がおさまり白一色の津軽野に岩木山がとくにきれいであった。西福寺円空仏は十一面観音と地蔵菩薩の立像である。十一面観音は佐井長福寺像とおなじ様式であるが、例の腰裳のわずらわしい鱗状衣文がなく、二段の垂下線で処理した平安時代の裳掛座に見られる衣文である。全身のプロポーションもかなり均整がとれて、オーソドキシカルな作である。謹厳な古典を志向した円空初期作品の傑作とすることができよう。

地蔵菩薩もここではじめて手がけたとはおもえぬ優作である。面相は扁平丸顔で秋田美人風だが、プロポーションは顔がやや大きすぎる。肩幅ひろく堂々としており、肩から宝珠をもつ手へかけての姿勢も衣文も自然で美しい。この像の特色は衣文で、飛鳥仏風の鰭状突起がここでは見られず、ゆるい弧をえがいて足元までの並行垂下曲線である。腹から膝への裳の衣文も、V字形またはY字形衣文を、五段にもちいて軽快感がある。これらはすべてふかいV型溝状衣文で、北海道様式の線刻衣文でない。私は円空仏ははじめ平面的な線刻衣文で、つぎに溝状の太い衣文になり、やがて段々状の鉈彫といわれる、立体的な荒い衣文になるという発展をかんがえている。しかし、これは線刻が消えて溝状になり、溝状がきえて段状になるというようなものでなく、混用されるのである。それにしても西福寺の地蔵菩薩像は溝状衣文が、はやくからもちいられたことをしめしている。しかし全身悠々として堂々、六道の救済者としての風格があり、禅僧の頂相をおもわせる。

ところでこの西福寺ももと名越派であるが、第一世以下八世まで寂年未詳、あるいは世代未詳とあるから、住職がおったりおらなかったりしたのであろう。世代未詳の仏蓮社良忠蓮阿上人（明和元年〔一七六四〕四月廿六日寂）あたりが中興で、名越檀林に十二年まなんだ。また良任心阿上人はここから油川の浄満寺へ転じ、良強見阿上人は佐井の長福寺からここに入り、良威侶阿上人はここから今別の本覚寺へ転じて、三厩庵（三厩の義経寺）で寂している。このように円空仏のある寺がみな名越派の道統につながることは、かんがえねばならぬことである。

私は三厩の義経寺が円空渡道の鍵をにぎるものであり、背銘ある円空仏があるので、三厩に執念をもやした。しかしその日も天候がゆるさないため、途中からもどり、津軽西海岸で江戸時代にさかえた鰺ヶ沢の港町へ行った。数年前の初夏にここの旅宿で、津軽の野づらを遠く近くわたる郭公の声にうっとりしたことがある。しかし冬は日本海をわたる西風をうけて、雪と氷柱のきびしい港であった。

出稼相談の　標柱　雪に　かたむけり

津軽の海　吹く雪　ひたと　面打つ

鰺ヶ沢の町はずれ、雪から頭だけ出した墓石のなかに、墓守堂のような延寿庵があった。ここに円空仏があることは、弘前大学の笠原幸雄氏の好意で知ったのである。庵には有名な川倉の賽の河原地蔵堂のように、死者のためにあげる大小の地蔵尊と人形が、壇一ぱいにあげてある。建物は粗末でも、雲水あがりらしい布教熱心な若い住職が、美しい若妻と幸福そうにまもる庵である。本寺はおなじ鰺ヶ沢地内の高沢寺で、昭和二十七年に独立して延寿庵を名のったのだという。その本寺から明和年間に、六十八歳の知覚なる老僧がうつって来て、この墓守堂にすみついた。高沢寺の隠居寺であったらしいが、もとこの下の海岸は津軽侯が早船を出したところで「お早の寺」の俗称があった。百万遍念仏の数珠もあるので、もとはやはり名越派の遊行僧が寄宿する庵だったかもしれない。

延寿庵の円空仏は北海道様式の来迎観音であった。宝髻も持蓮台もちゃんとそろっている。海上からあがった漂流仏で「海上激流黒本尊」として、漁民の信仰があるという。しかし寺では薬師如来としてまつっており、青森県の文化財指定書も薬師如来である。しかし庶民信仰では尊名や儀軌はどうでもよいのである。私はこのまま薬師如来として漁民の病気をいやし大漁をまもることをねがうし、住職夫妻も、明日は旧正月八日の薬師如来の縁日で、大ぜいの信者があつまるといって、かいがいしく御馳走こしらえに台所に立って行った。

第四日目に私は三回目のアタックでようよう三厩の駅へ立った。吹雪と運休のために途中でもどること二度であったから、私にはアタックの語は大げさでも何でもない。ここは北海道への最短距離で潮流はつよいが、佐井とおなじく松前福島までフェリーが出る。この先の竜飛岬はいま北海道への海底トンネル試掘中で、その労務者のためか義経寺の下に新興料飲街ができている。寺への登口に二つの洞穴をもった厩岩があり、義経とその従者がここから蝦夷渡りするとき三頭の馬をつないだという。それを見ながら岬の突端にのぼると、津軽海峡を一望にする義経寺へ出る。

義経寺の寺名は五代前の神仏分離のときからで、もと三厩庵といい、弘化元年（一八四四）九月松浦竹四郎来遊のときは竜馬山観音といった。竹四郎は「庵室あり。道心者住す」としるしているが行脚僧や六部がよく立ち寄るところだったらしい。文政五年（一八二二）の鐘銘の願主は六十六部回国行者で、

回国行者　備州世羅郡　総十郎

とあったそうだが、戦時中の供出で現物はない。漁民の俗信にささえられた金刀比羅堂（稲荷とオシラ神合祀）と観音堂があり、観音堂の奥の院の本尊が円空仏であった。しかし円空仏は三十三年目の開帳にしかあけられないとのことで拝観はできなかったが、私はすでに関君の調査による三厩村誌や、弘前大学の笠原幸雄氏からいただいた写真で、来迎観音であることがわかっていた。

この円空仏の背銘は青森県下の研究者のあいだで問題にされているらしいが、

木像本何処青樹
成仏後経幾年数
唯今是仏心木心
化度衆生得化度
寛文七戊申仲夏中旬　朝岳遊楽（花押）

とある上の偈（げ）の方は、もちろん円空書ではない。これはすでに円空がつくっておいた観音像に、あとから入れたものであることは、詩の意味からもわかる。寛文七年五月中旬にこの三厩庵に留宿した雲水が、荒れ寺のような庵の中を見まわすと、素人造りの仏像が仏壇の上にあるので、退屈まぎらしに落書したのである。この木像はもとどこの青樹だったのか。伐（き）り倒されて仏像に彫られたが、それから何年たつのであろう。今や仏像となってしまえば、仏心も木心も同一だ。同一となれば衆生を化度することも同じだ、となかなか味な雲水らしい落書である。朝岳とあるのは伊勢朝熊山（いせあさまやま）の雲水だったのかもしれない。こうしてみるとこの観音像がつくられてから何年かたっていることがわかり、円空は寛文五年ごろに来て、ここから北海道へわたったと推定することができる。

　ところが円空がここで観音像を彫ったことをしるした「奥州津軽合浦外浜三厩、竜馬山観世音縁起」なる木版刷縁起が義経寺にある。義経蝦夷渡りに際して、白髪の老翁から三

疋の竜馬をさずかり、三つの厩に飼って蝦夷に翔びわたる物語につけて、

其后遥か星霜を経て、寛永の頃、越前州西川郡符中の産、円空と云僧、諸国遍歴の序、偶々此浦に来り、嵓下を徘徊せしに、不思議哉嵓頭光を放てり、円空深く之を異しみ、斎戒して攀登れば、御長一寸白銀の正観世音自在薩埵、光明赫奕たり。

と名文をつらね、円空があらたに観音像をつくり、白銀一寸の尊像をその胎内に罩め、草庵をつくって朝夕香花をたてまつったとある。

この縁起を書いた如現という僧は、このことを円空自筆で書いた遺伝を古篋中よりえたが、あまり紙魚がついていたので、書きうつしたとのべている。ところが縁起の年号が、円空より八年ほどしかたたぬ「延宝改元癸丑季三月穀旦」とあるのは、この縁起が挿絵の日付にある寛政十一年（一七九九）より古くないことを暴露したも同様である。というのは延宝改元（一六七三）は九月廿一日だから、三月穀旦はまだ寛文十三年なので、偽作の馬脚をあらわしてしまったからである。

ともあれ円空は寛文五年のころまでに、本州の多くの名山にのぼり、山岳修行をしたが、蝦夷地のありさまを北陸地方の商人などからきいて、アイヌ人への布教と、北海道の未踏峰登頂をこころざしたものとおもう。今日の大学山岳部が日本中の山を征服し尽くしたと

おもい、やたらにアンデスや、ロッキーにのぼりたがるのとおなじ心理かもしれない。ちがうところは一方はジャーナリズムにさわがれて、外貨を浪費するのに、円空は黙々とだれにも知られず、化外の民への仏教伝道をしたところであろう。円空はおそらく北陸地方で津軽通いの北前船（弁才船）に便乗して、鯵ヶ沢に来たり、津軽修験の中心たる岩木山にのぼってから、油川（浄満寺）、蓬田阿弥陀川（正法院）、平館（福昌寺）、今別（本覚寺）など、陸奥湾沿岸の名越派に属する庵寺に寄宿しながら三厩庵についたものとおもう。

三厩から松前までは海上十三里であるが、そのあいだによこたわる津軽海峡は、潮流のつよいので有名である。すなわち竜飛の汐と、白神の汐と、中の汐を三潮の難といい、順風がなければこれを乗り切ることは困難とされた。したがって三厩では日和待ちのため十日、半月と足どめをくうのはめずらしくなかった。円空は故意にここに滞留したか、日和待ちをしたかはあきらかでないが、そのあいだに観音像を彫ったのである。私は夏に松前から竜飛をのぞんだので、今度はここから松前を見たかった。しかし北の空は白馬の鬣のような吹雪が颯々と顔をうつだけで、海面すらさだかに見きわめることができなかった。

写真で見ると義経寺円空仏も、また北海道様式の来迎観音である。これは鯵ヶ沢の延寿庵や蓬田阿弥陀川の正法院もおなじで、まだ未発表のようだが、平館の福昌寺（旧名越派浄土宗）もおなじらしい。そしてこれを北海道で見た来迎観音とくらべると、大差はないけれども、すくなくとも北海道のものより後の作とすることはできない。むしろ義経寺仏などは面相がひどく寸づまりで、膝肉がうすく、仕上げもあらいという点で、北海道以前とするのが妥当だとおもう。背銘の六観音種子には[梵字(ウーン)]という愛染明王種子がくわわっている。また[梵字(バーク)]の代りに[梵字(カーク)]がかかれていて、[梵字(キリーク)](千手観音)の誤記か、あるいは[梵字(タラーク)](如意輪観音)の誤記ではないかとおもう。正法院の来迎観音にも、

[梵字](月光菩薩か)　[梵字](胎大日または弥勒)
[梵字](聖観音)　[梵字](准胝観音)　[梵字](十一面観音)
[梵字](馬頭観音)　[梵字](毘沙門天または四天王)　[梵字](千手観音)　□(不明)

とあり[梵字]は[梵字]ならば愛染明王であるが、このあたり梵字に未熟な点がみとめられる。

ともあれ円空は津軽で北海道様式をすでに自分のものとしていた。これをどこで習得したかはあきらかでないが、すでに神野(美濃・関市)の白山神社阿弥陀如来像にその萌芽がみられる。すなわち満月相の仏面と微笑の口元、肩の張った胴と並行曲線の線刻衣文、通肩の衣と三段の筋彫頭髪などで、いちぢるしい相違はつりあがった眉と目である。しかしこれも彫眼という点では共通である。両肩の肩かけのような通肩の衣は、円空仏の如来形の特徴であるが、これは天平初期時代から貞観平安時代の仏像に見られる通肩の名残り

で、寛文四年背銘の美並村（岐阜県郡上郡）福野、白山神社の阿弥陀如来像以来のものである。本来仏像の右肩だけにあるべきものを円空が誤解したか、装飾化したかで、両肩につけたのであって、ある論者のように白衣観音の被衣の変化とすることはできない。

以上のほかに津軽には、黒石市にちかい田舎館村弁天堂に十一面観音立像があり、弘前市西福寺十一面観音立像、地蔵菩薩立像とともに、北海道からの帰途、下北半島からもう一度来訪して造像活動をした形跡がある。それから羽黒をめざして男鹿半島へ立ち寄ったとおもわれるが、渡道以前の作品が津軽野にみられることは興味ふかいことといわなければならない。

3　なまはげの山

年末の列車混雑を覚悟の上で、羽黒山大晦日の松例祭へ出かけたのは、津軽と男鹿半島の円空仏を見るためであった。元日の朝、積雪三メートルの羽黒から下山すると、私はすぐ秋田県八幡平の湯瀬へ出た。翌日、小豆沢大日堂の祭堂といわれる延年の舞楽を見て、大館までくると、本線の急行、特急は全部満員札止めである。津軽まではとても行けそうもないので、まず鈍行で男鹿半島の船川へまわった。正月二日の午後六時はもう暗くて、門前までのバスは正月だというのに、いまにも「なまはげ」の鬼でも乗ってきそうで、陰気だった。門前の終点では乗客は私と、同行した大学院の沼、中川両君と三人だけになって、真暗な沖から、鬼のほえるような濤声をひびかせる、海岸のみぞれのなかに放り出されてしまった。

門前は男鹿半島を支配した、本山修験の奉斎する赤神社の門前町であった。いまは寒村という名がぴったりする、六十戸たらずの漁村であるが、昔は九ヵ寺四十八坊の山伏が住んで、ときどき法螺を吹いては村へおりて来たという。戦前までは、七月十五日の「お山かけ」には、せまい村に人があふれ、出店や小屋掛けの芝居で終日にぎわった。九ヵ寺四十八坊の本寺は永禅院で、明治維新の修験道禁止後も長楽寺、吉祥院、千寿院、千光院などを支配していたが、いまはすべてほろびて、長楽寺（真言宗智山派）をのこすのみとなった。この寺々はいつのころよりか、七一六メートルの本山山頂にある、赤神社を奥の院としてのこし、門前の村近くうつされた五社堂の下に、群がっていたもので、いまは寺址堂跡が灌木に埋もれ、林泉のなごりの池が、枯葦の下によどんでいる。そのうえ本山山頂の赤神社も、米軍のレーダー基地となったため、「お山かけ」も絶えてしまった。

本山修験の本寺、永禅院は維新後、元山の姓を名のって神職となり、五社堂をまもっている。それでも明治八年の奉納札に「本山別当元山高祇」とあるから、山伏たる別当をわすれてはいなかった。また文政十亥年の前机寄進札に「法印教導代寄附之」とあり、やはり山伏修験の尊称たる法印号をもちいている。円空が「濃州弥勒寺当住円空法印」とよばれたことから、律令時代の僧位の法印が僧官の僧正にあたるので、円空は僧正になったという研究者もあるが、鎌倉時代以後の法印はむしろ山伏修験の一般的尊称となっている。このような修験坊に宿を借りて、円空は十一面観音立像をきざんだのである。

五社堂は本山赤神社の里宮にあたり、俗に「赤神さん」とよばれる。もちろん天狗の赤顔をあらわした、本山の山神の別名なのだが、これが五匹の「なまはげ」の鬼となって、大晦日の門前の村にあらわれるわけである。私たち三匹の「資料採訪」の鬼どもがこの村にあらわれたときは、大晦日から二日経ったため、お目にかかれなかった。しかし村ではもうベレー帽にアノラック姿の「芸術写真」の鬼どもの大挙来襲を意識して、ショーと心得てしまっている。

元山神職の話では、赤神さんの掛軸は天狗のようでもあり、鬼のようでもあるという。しかし私が宿の「磯の家」で見せてもらった版木の掛軸は、完全に道教化したものであった。天狗のような顔の漢の武帝が、黒雲と飛車にのって、この本山へ来たという「なまはげ」伝説を絵にしたのである。この武帝に不老不死の桃を献じているのは西王母らしくもあるので、武帝というのは東王父だったのかもしれない。飛車には五匹の蝙蝠がお供しており、これが本山に土着して五匹の鬼となったという。

五匹の鬼は眼光鬼、押領鬼、首人鬼、眉間鬼、逆頰鬼といい、本地は薬師、十一面、不動、愛染、毘沙門などというので、円空は十一面観音をつくったのであろうが、神職の方では、さてどれが何さんだったかわからなくなったといっている。私が勝手に五社の扉をつぎつぎ開けてみると、左から第二殿に平安時代と鎌倉時代の大小二体の十一面観音像があり、第三殿（中央）に雨宝童子と毘沙門天があり、第四殿に円空の十一面観音があって、他は御幣だけだった。

とにかく伝説では、この五匹の鬼が一夜で、村から社殿までの石段をつくる約束をする。あと一段というところで、鶏がないて駄目になったので、やけになった鬼どもが、三派全学連もどきに村中をあばれまわった。機動隊も破防法もなかったこのあたりの村では、ひたすら低姿勢で、酒をのませてお引き取りねがったのが、「なまはげ」のおこりであるという。そのとき鬼は角材のかわりに、馬鹿力をふるって杉の立木をひっこぬいてふりまわした。それを社前へ逆さにさした「逆さ杉」が、いまは枯れても覆屋をつくって大切に保存してある。「なまはげ」は本来、正月十四日小正月の望の夜のことだったのに、戦後大晦日にしたのである。しかし男鹿半島の村々のうちには、いまだに小正月をまもっているところもある。

宿でこのような話をきいて寝につくと、夜半から新築の旅館が、家鳴り震動でねむれぬくらいの大風になった。気温が急にのぼりはじめたので、不連続線の通過だろうとおもっているうち夜があける。夜があけても風はますますはげしく、ローカル放送は風速三〇メートルの突風といっている。窓から見る海は牙をむいた波頭ばかりで、真白に泡立ち、磯松は背をまげて雨と風に耐えている。正月でなければ漁船の遭難は、このような突風でおこるのである。今日一日、宿に缶詰と覚悟していると、宿の人は落ちついて、もうすぐおさまりますという。冬はこんなことはしょっちゅうで、めずらしくないのだそうである。はたして九時すぎ、風がおさまりかけたので、めざす五社堂へのぼりはじめる。時々雨と風がよこなぐりにふきつけて、三人ともすっかりぬれてしまう。漢の武帝とはいえぬまでも、鎌倉か室町時代位の石積の自然石石段が雲の桟のごとくつづいている。途中からながめる風景も北海道の帆越岬に似た荒涼たるきびしさである。このようなきびしい気候と風景が、円空をひきつけたのだろうとおもう。

五社堂の中央が主神瓊々杵尊で、本地薬師如来だそうであるが、さきにものべたように、天照大神の本地で朝熊山の本尊である雨宝童子と、毘沙門天である。社殿は建保四年(一二一六)創建のままで、新潟以北最古をほこる建築だというが、そこまでさかのぼるとはおもえない。第四殿をあけてみると総高一七一センチの大きな円空仏があった。すごく保存良好で、シナの木の柾の木目が美しい。台座の踏割蓮座と岩座や、足の百二十度角の開き具合は、佐井長福寺仏(79ページ)や弘前西福寺仏などと共通であるが、前面の腰裳の鱗状衣文もあまりわずらわしくなく、頂上仏も小型でプロポーションがわりに良い。材はシナの木で地肌が白い上に、もとは御神体として白布を全体にまいていたので、昨日今日つくったほどにきれいである。したがって細い彫眼に入れた眼睛の墨もあざやかだし、白毫(びゃくごう)の色もよくのこっている。

円空はここへ来るまでに北海道で上ノ国観音堂、下北半島で佐井長福寺、恐山円通寺地蔵堂、津軽で弘前西福寺と田舎館弁天堂とで十一面観音をつくっている。しかしこれらのなかで弘前西福寺の十一面観音は他と衣文の様式がちがうが、その他のなかでは五社堂の十一面観音がもっともできがよい。円空は一作ごとに腕をあげていったことがわかる。

円空が十一面観音をこのんで彫刻したのは、彼が優婆塞聖として出発した伊吹山太平寺の本尊が、十一面観音（150ページ）であり、また修行場としての白山の主神、伊弉冊(いざなみ)尊（白山菊理姫(くくりひめ)）の本地が十一面観音だったからであろう。彼はまた出生地と推定されている美濃竹ヶ鼻(たけがはな)（岐阜県羽島(はしま)市）観音堂にも十一面観音をのこしている。そしてこれらは大きさも様式もみなよく似ているのである。しかも飛騨国府の清峯寺では千手十一面観音立像にいだかれるように自刻像を台座にきざみこむという執着をしめしている。円空はなにか母に対するようなあこがれを、十一面観音にいだいていたのではないかとおもう。

ともあれ円空は男鹿半島の五社堂に、すぐれた十一面観音立像をのこした。私はこの作で彼が北海道の帰途、弘前の西福寺からここへ来たものと推定する。このあと彼は当然太(たい)平山(へいさん)や鳥海山(ちょうかいさん)の修験霊場をへて、羽黒山をめざしたとおもわれるのだが、羽黒山周辺から、まだ円空仏が一体も発見されてない理由は、どうもあきらかでない。円空手控の神名帳には、釜臥山神(かまふせ)（恐山）、岩木権現、鳥海権現とともに羽黒権現があるのだが。

第三章

1　二荒山の不動たち

二荒山修験の歴史は、弘法大師が「沙門勝道歴㆓山水㆒瑩㆓玄珠㆒碑」の碑文に書いたように、勝道上人が神護景雲元年（七六七）から天応二年（七八二）にかけて、数回のアタックののち、ついに山頂をきわめて山神を供養したときにはじまるとされていた。しかし大正十三年と昭和三十四年の山頂祭祀遺跡の発掘調査の結果は、奈良時代以前から山岳修行の霊場であることがあきらかにされ、大峯、葛城、立山、白山におとらぬ、古い修験道の中心であることがわかった。

二荒山は補陀落山とも日光山とも書かれ、中善寺すなわち中禅寺の僧徒が、この山の信仰を支配した。この山の頂上をきわめることを「禅定」とよび、南北朝時代の禅定札には「日光山中禅寺男体禅定」と書かれているが、江戸時代初期の円空のころは「男体禅頂」となっている。関東では赤城山や妙義山、筑波山、加波山にも山岳信仰があるが、日光は他に比較にならぬ、信仰圏の大きさをほこっていた。しかし元和三年（一六一七）に日光に東照宮ができ、明治維新に二荒山神社と中禅寺が分離してからは、日光修験の伝統は強飯式や延年舞に、わずかにのこるにすぎなくなった。

日光ぐらいみごとに修験の山、信仰の山から、観光地に変貌した霊場もすくない。これはこの山が東京から近すぎたり、景色が良すぎたりすることにもよるだろうが、無制限に近代資本の浸透をゆるしたせいもあるとおもう。円空仏がなければ敬遠するところだが、晩秋の一日、私はやむなくこの山へのぼった。東京から志賀高原までの、直通ドライブウエーが通ったというので、予測はしていたが、学生時代にキャンプをかついで、戦場ヶ原から金精峠をこえて行った奥日光は、もう片鱗もなかった。かつて威圧するような重さを感じた男体の山容も、靴でふみしだかれた湿原を前にすると、皺がよってすこし縮んでしまったようにおもえる。

行者が禊したり、船禅定の霊場だった中禅寺湖畔には、埃っぽい修学旅行の行列が絶えまなくつづき、女人禁制だった中禅寺境内には、寺が「愛染かつら」と立札をつけた、ただの桂の木のまわりに、婦人会の団体旅行がむらがっていた。わずかにのこった紅葉が、湖畔のそこここを彩っているのだけが、せめてもの救いであった。

中禅寺（立木観音）の陳列棚にある「笑い薬師」という円空仏の薬師座像と、「波切不動」という不動明王像は作が幼稚なので、円空初期の作品ということができる。とくに薬師座像は北海道様式にちかい線刻衣文や筋彫頭髪、彫眼など、北海道からの帰途、ここに立ち寄ったことを跡づけるものであろう。そうとすれば不動像はここではじめて彫ったことになるが、寸づまりの稚拙な作ながら、衣文に擬似翻波式の溝状衣文がみられ、これは弘前西福寺像にあらわれているものより荒っぽい。

この像だけで断定はできないが、東北の修験の山々を修行した円空が、出羽路をとって羽黒山、湯殿山、月山から本道寺にくだり、飯豊山をへて磐梯修験の本拠、会津慧日寺（猪苗代町）に立ち寄れば、道はかならず田島から日光街道を山王峠でこえ、男鹿川にそうて独鈷沢、川治をへて、日光へ出ることは必至である。木喰行道も北海道の帰途、この街道を栃窪（鹿沼市）へ出て薬師十二神将を彫った。大体この道は笈と錫杖の山伏修験でなければ、めったに通らなかったといわれる山道間道である。円空はこのころ完成して評判だった、東照宮陽明門のあくどい彫刻を、侮蔑の眼でながめたのち、男体禅頂をこころみたかもしれない。そしてその後の修験としての足跡を追うならば、白根、足尾から赤城へ出て、榛名、妙義にのぼり、秩父三峰から雁坂峠をこえて、甲斐、諏訪から木曾路をたどったことであろう。

しかし日光での円空の足跡は、晩年の元禄二年（一六八九）にのこされる。このときの関東行脚で大宮、春日部あたりの武蔵野の円空仏が制作されたことはうたがいないから、日光山内田母沢の明覚院にあった観音立像（現在日光市「かねよ」吉新安蔵氏保管）の背銘

円空　聖観世音菩薩立像（埼玉県春日部市　小淵山観音院）

は貴重である。この銘は、

元禄二年六月　明覚院

以下、歌などもあったらしいが、いまは判読できない。この像は白衣観音と名づくべきもので、高い宝髻の上からコック帽のような白衣を被いだことが、肩に垂れた線でわかる。被衣には擬似翻波式の溝状衣文を彫り、化仏をあらわすところ、春日部市（埼玉県）小淵観音院の聖観音もこれに似ているが、この方は蓮茎をもつために、聖観音と名づけられた。また大宮市中川の円蔵院にも、この種の白衣観音があるが、美濃でも下有知（関市）竜泰寺の観音立像や、曾代（美濃市）薬師寺の持蓮台の観音立像や美濃市吉川町来昌寺聖観音座像も、コック帽式被衣に化仏をあらわしているから、この一連の立像を、同時期の白衣観音の範疇に、入れてもよいかもしれない。しかしこれと似た加治屋町（美濃市）願応寺の観音立像や、志摩片田（現志摩町）三蔵寺の持蓮茎聖観音立像などの高い頭飾は、宝冠と見るべきものであろう。

ともあれ、日光田母沢明覚院像は四つ割り材の内側に、三角截り込みを彫りこんだだけの、極度に簡素化された体部に、白衣をかむった観音の慈顔をのせ、細密な表現を菩薩の相好だけに集中した、心憎い作品である。このような円空仏こそ、薪雑棒に仏心をあたえて「唯今是仏心木心　化度衆生得化度」といわれる底(てい)のものであろう。この薪雑棒はとても安定がよく、ゆったりした姿勢に、二段と三段のシムプルな飛鳥(あすか)仏式鰭(ひれ)状突起をだし、これで衣文のすべてをあらわしている。背銘の年号も貴重ながら、円空晩年の傑作の一つであるが、いたみがひどく、修補の手が入ったのは残念である。

日光修験が中禅寺の結界として、女人禁制をあらわした女人堂(にょにんどう)は、いろは坂(ざか)をくだって来て四十八文字のカーブが尽きたところに址(あと)がある。しかし女人が日光にまいって、山上の神霊と男だけの世界をしのびながら参籠(さんろう)したのは、もうすこしくだった清滝寺(きよたきじ)である。円空はここに不動明王と両脇侍(きょうじ)をのこした。

この像は同時期の作品でありながら、明覚院像とまったく対蹠(たいしょ)的な作行(さくゆき)である。これは穏和な如来形や菩薩形にたいして、ダイナミックな忿怒形(ふんぬぎょう)を表現したからである。円空は仏菩薩にはひたすら恭順の意を表わして、つねにひかえめである。仏様には頭があがらないといえばそれまでだが、私は内に敬虔(けいけん)な感情を秘めた仏菩薩の作品の方が好きである。しかし円空は明王像や、天部像や、護法神像となると、修験者のむきだしの感情を薪雑棒の上にたたきつける。忿怒形こそ円空の独壇場であり、優婆塞聖(うばそくひじり)の本領である。

修験道の開祖、役行者(えんのぎょうじゃ)が大峯山上で本尊の出現を祈誓したとき、釈迦(しゃか)如来と弥勒(みろく)菩薩は本朝にふさわしからずとして、お引き取りをねがい、おそろしい形相(ぎょうそう)の蔵王権現(ざおうごんげん)をおむかえした話は、まことに象徴的である。大日如来、薬師如来、釈迦如来、阿弥陀(あみだ)如来などを本尊とする大伽藍に安住する僧侶は、錦襴の袈裟を身にまとい、従者をしたがえ、学問と儀式でおこないすますことができる。しかし聖は腕一本、脛一本で生きなければならず、禅定修行には生命をかけ、窟では孤独である。きびしい自然と対決し、きびしい修行にたえて、超自然的、超人間的な験力をたくわえるためには、はげしい精神力が必要である。これが円空仏の背景をなしているのであるから、忿怒形尊像のダイナミックな表現で人の心を打つのは当然であろう。

しかも忿怒形諸尊には一応、儀軌の制約はあるが、目に見えぬ邪悪な精霊を調伏し、撃退する威力を表現するには、ある程度の誇張も、異形もゆるされる。清滝寺不動三尊は、そのような円空の自由な構想力の極限をしめしたような作品であるが、いくぶん脱線したきらいがないでもない。

モダンアートは何物にも制約されない自己表現を志向するものだが、完全な自由はまた自己否定の矛盾におちいることがある。われわれが自由な社会というのは、共通の規範を尊重するところに実現するのであって、無制約自由は自由な社会そのものの否定であるとおなじである。俳句には俳句をして俳句たらしめる規範があるように、仏像には仏像をして仏像たらしめる制約があるだろう。俳句は短詩型としての規範があるゆえに、季節感とさびの日本的美の世界を表現できる。仏像は仏像の制約をまもることによって、礼拝の対象となり、同時に聖なる美を表現する造型芸術たりうる。私は円空と棟方志功の制作態度には、共通性があるとしても、円空仏の世界と、棟方版画の世界は異なるものとおもう。

このような観点から清滝寺の不動三尊を見るとき、その鑑賞態度も慎重たらざるをえない。というのはその両脇侍はカリカチュアライズが度をすぎて、遊びに堕しているといえないだろうか。大体矜羯羅童子と制吒迦童子は高野山赤不動以来、ユーモラスに表現されることがある。しかし人面鳥身のような表現の必然性はかんがえられない。あるいは妖怪百物語の「油すまし」の坊主頭と蓑をあらわしたのかもしれぬ。そうとすれば清滝寺本堂は女人参籠の堂で、女性がいっぱいむらがって通夜するところだったというから、円空がひとつ女どもを笑わしてやれ、とおもって制作したものかもしれない。その鑿の冴えはさすがに円空であるが、円空のものならなんでも「型やぶりの着想」だと、感心してばかりはおれないのである。

不動明王の火炎光背は、名古屋荒子観音寺の不動明王の火炎光背とともに、かわった着想の二大双璧といわれる作品である。しかしこれが前衛花道の古株や根っ子とおなじ奇をてらう着想なら、不動明王の火炎光背の意味はない。私は円空が寺の隅や川原にうちすてられた朽木や流木も仏である、ちょっと鉈を入れればこの通り、という思想と信仰からこの不動像をつくり、朽木の素材をそのまま生命のやどった火炎として、効果をあげたと解したい。事実この火炎は、類型的な室町以後の不動像の火炎を見なれたものには、新鮮で生き生きとしている。しかし不動像そのもののプロポーションは、例のごとく不自然で力なく、火炎と不似合である。ただその面貌の鑿の冴えはさすがにすばらしく、円空晩年の特徴をよくあらわしている。すなわちこの像は円空の思想と信仰をよみとりながら、山岳修行者らしいするどいタッチを鑑賞すべき作品である。

2　武蔵野の荒れ寺

武蔵野の風情はうしなわれたとの嘆きをきくこと久しいが、大宮近郊から岩槻、春日部と円空仏をもとめてあるいてみると、まだまだ武蔵野は健在であった。

武蔵野の近代化もこのあたりはまだ点と線だけで、面におよんでいないことがわかる。どこへ行っても舗装はほとんどなくて、ふるい宿場街道そのままの道が低い家並の間をぬっている。まったくの田舎道であった。この武蔵野のだだっ広い自然と、埃っぽい田舎道を、ふきぬけてゆく空っ風——これは関東の田舎でそだって、関西に久しく住む私の郷愁をそそるに十分だった。このような環境こそ、土くさい円空仏にもっともふさわしい天地なのである。

私の歴史哲学の一条に、かつて歴史上に存在した事象は、かならず何らかの痕跡をどこまでものこす、という仮説がある。これはちょうど人間の業に似ている。無数劫のむかしになした行為も、未来永劫にわたって、業として相続され、善因には善果を、悪因には悪果をのこす、という仏教の因果律とおなじである。一個の土器の破片も、一枚の証文も、一片の伝説や昔話も、一節の民謡や踊の手振りも、すべて歴史の軌跡である。それが歴史につながらないのは、まだ私どもの資料の読みが浅いのである。民俗学が歴史学になるのはこの仮説、すなわち残存理論（theory of survivals）があるからである。博物学（natural history）もこの方法論にかわりはない。どのように断片的な伝承も、民族の過去の生活（物質生活、社会生活、精神生活）の残存であり、歴史の軌跡なのである。だから武蔵野はどのように「近代」に追いつめられても、死滅することはないだろう。そこには自然史の軌跡とともに、民族史の痕跡が濃厚にのこってゆくようにおもわれた。

岩槻も国道十六号線がはしっているにかかわらず、武蔵野の宿場のふるい姿をのこしていた。太田道灌（おおたどうかん）の岩槻城の土塁が、当時の大椋（むく）とともにのこっていたのもおどろきだったが、円空仏をのこす浄安寺（じょうあんじ）（浄土宗鎮西派）界隈は、円空留宿のころと大差はあるまい。道の広さは昔の御成（おなり）街道の一部ということでだいぶひろいが、西側には屋根のひくい昔ながらの農家が点々として、私は歴史が一世紀ほど暗転したようにおもった。浄安寺のまわりは竹藪（たけやぶ）で、閻魔（えんま）十王堂が入口にあり、石塔や石地蔵や、大乗妙典日本回国碑などが、手入れもされず苔（こけ）むしていた。天和（てんな）二年（一六八二）の念仏供養石地蔵があるから、ここを元禄二年（一六八九）におとずれた円空は見たはずである。住職のオートバイを庭の隅においてあるのが、いかにも不似合な寺のたたずまいであった。

ここはもと浄土宗の別格檀林で、浄安寺の一部に弥勒寺があり、そこに円空が寄宿して仏像を彫った、という言い伝えがあるということだった。しかし私はここの二体の円空仏を一見したとき、これは寺にあったものではなかろうとおもった。おそらく辻堂のようなところにころがって、子供の遊び相手を、長年つとめた仏体と見た。円空ははじめからこのような待遇をうけることを期待して、この仏をつくったものであろう。地蔵菩薩と護法神であるが、ともにすっかり摩滅している。この摩滅がまたこの二体の円空仏の、衆生済度の歴史をものがたり、庶民信仰の対象としての役目を、立派にはたしたことがわかる。いまや円空のするどい鑿跡の、鋭角的な角はとれて、円満そのものである。円空と「時」の合作で、すっかり円熟した相である。とくに地蔵菩薩が好きだ。縁の下にころがっていたであろう約一メートルの杉丸太をきざんだらしく、ザックリと鉈で二つの面をとってから、円満な顔と、合掌の手と衣文を三段きざんだだけで終わりである。護法神も九〇センチの丸太の切端の真中にコケシ状の首のきざみを入れ、胴体は丸太のままのこしてある。美濃佐ヶ坂（美濃市）六角堂の護法神に似ているがもっと素朴である。この手法には木地師のコケシの伝統がちょっぴり顔をのぞかせている。

私は浄安寺像のように、子供の疳虫や夜泣きの願をかける、といっては縄でしばられたり、雨乞いだといっては池に浸されたり、子供がおんぶしたり、ころがしまわして消耗してしまった円空仏も、ほかにまだあるだろうとおもう。これがほんとうの円空仏のあり方である。ところが武蔵野の円空仏が昭和三十六年に「発見」されるとともに、秘仏になったり、文化財になったり、高値で取り引きされたり、大へんなことだったらしい。この円空騒動(ラッシュ)を週刊誌までおもしろおかしく報道したので、見学団体がバスでおしかけるありさまだったという。しかし浄安寺の住職は若いながら見識があるとおもった。このような円空ブームを迷惑がって、気の毒なくらい荒れた本堂に、円空仏をころがしたまま、放り出

円空　蔵王権現立像（埼玉県春日部市　小淵山観音院）

してあった。

武蔵野の田舎道も春日部市内の国道四号線（旧陸羽街道）となると、話はまったく別である。いま東北縦貫高速道路が岩槻の西で測量中であるが、それができるまでは、この四号線が幹線なので、完全舗装に自動車がひしめいている。直線化したためとりのこされたふるい街道に、宝暦四年（一七五四）の日光街道の道しるべがわびしく立っていて、青面金剛が彫られているのが、いかにも円空仏のある土地にふさわしい。

小淵観音院はこの幹線道路から二、三〇メートル入ったところであるのに、まったく嘘のようにしずかで、武蔵野の野中の観音堂の姿をそのままのこしている。冬の陽光が藁葺のお堂の屋根に燦々とふりそそいでいたし、境内の中央には老木の銀杏二本が、冬空にむかって枯枝をひろげ、まわりの樫や椿の枝では、目白がないていた。境内の外には畑がひろがっていて、藁屋根の農家が点々と見える。ここでも近代は幹線道路の線だけであった。

寺の掲示板を見ると「修験宗小淵山観世音」とあり、寺名は名のっていない。修験宗を称するのも、聖護院が天台宗から独立して修験宗をたてたのちのことであるから、戦後である。したがってこれはついちかごろまで観音堂だったのである。縁起によると本尊は鎌倉時代の正嘉二年（一二五八）八月、古利根川氾濫のとき、葦原のあいだから発見されたもので、こぶ、あざ、いぼに霊験があるという。そして元禄二年山門が建立されたとあるのは、円空に関係がありそうである。

　このあたりを円空があるいたのは、日光山内田母沢明覚院の白衣観音背銘の元禄二年四月以降、三年八月以前とかんがえてよい。というのは、元禄二年三月は伊吹山太平寺の十一面観音立像（150ページ）を彫刻したことが背銘であきらかであり、元禄三年九月には飛騨の金木戸（吉城郡上宝村）で今上皇帝像を彫っている。そうとすれば元禄二年に円空はこの観音堂に留宿して、村人のために祈禱や予言をしながら勧化し、この山門をたてた可能性は十分にある。その間に五体の仏像を彫刻して、村人のために大峯山上講の本尊をつくったり、伊勢太神宮の日待講本尊をあたえたりしたのであろう。

　山上講本尊は蔵王権現と役行者である。ところが円空が自作唯一の蔵王権現をのこしたのは、よほどここで山上講をもり立てようとしたからであろう。役行者像もいろいろの形があるが、観音院では独鈷と錫杖をもち、兜巾をいただき、高下駄をはく。擬似翻波式溝状衣文がするどく明快である。武蔵野にはほかに深作（大宮市）の宝積寺に立像で高下駄をはき、錫杖をもつ役行者像があり、この擬似翻波式衣文はするどい鋭角的きざみ込みを見せる。また蓮田町の勝朔次氏蔵の役行者も立像で、錫杖と高下駄である。関西では延宝三年（一六七五）銘の松尾寺（奈良県大和郡山市）の役行者倚座像があるにすぎないことをみれば、円空がいかに関東の修験信仰に関心をしめしたかをしることができる。

　また日待講本尊は伊勢内宮の本地、雨宝童子であるが、円空はまことに特異な雨宝童子像をここにのこした。観音堂の絵馬に文政八年（一八二五）の「奉掛伊勢両宮御神楽図」

があるから、伊勢参りがさかんな土地で、日待講がおこなわれていたのであろう。日待講は月々の掛金で伊勢参宮の代参をたてるが、

伊勢に参らば　朝熊をかけよ
朝熊かけねば　片参り

の歌のように、伊勢神宮の奥の院といわれた朝熊山金剛証寺の雨宝童子にまいったのである。そのときうけた雨宝童子画像を日待講の本尊としておがんだのであるが、神仏分離後は「天照皇太神」、「豊受大神」の掛軸にかわって、雨宝童子がわすれられた。従来の研究者は小淵観音院のこの像を毘沙門天としているのは、あやまりもはなはだしいものといわなければならない。女神像で五輪塔を捧持し、雲にのるのが通途の雨宝童子であるが、円空は五輪塔を宝塔に代え雲を頭にのせた。これは雨乞本尊としての善女竜王との共通性から、竜を頭にいただかせて雲形でつつんだのである。その美的効果はともかくとして、このような民俗信仰をふまえた造像をするのが、優婆塞聖としての円空の特異性である。なお観音像は一・九六メートルの大作で、裳の雲形文様が特色である。蓮茎をもつところから聖観音といわれているが、被衣から見て白衣観音とする方がよいであろう。

私がここをおとずれたのは、節分後まもなくであったので、観音堂の賽銭箱の上には煎

豆を紙に包んでうずだかくあげてあった。中の豆をかぞえてはみなかったが、二十個あるはずで、十九歳の厄年の娘が、年齢に一個くわえた豆を紙で包んで体をなでて、このようなお堂にあげるか、通りの辻にすてて厄をはらう民俗が、東京にちかいこの武蔵野には、まだつづいているのであろう。

宮ヶ谷塔（大宮市）の馬頭観音堂はすぐ前を電車が通っているが、円空仏はなくて、元来は田圃の真中で交通に不便なところである。ようやくさがしあてたお堂には円空仏はなくて、総代の長島氏が四体の仏像を保管していた。この円空仏が馬頭観音堂にうつるまでは、長島氏の隣りの無住の廃寺、正谷院（曹洞宗）にあったという。正谷院は明治時代に廃寺になってから、小学校の分校になって、十二、三年前まで教員が寝泊りしていたというところをみても、交通の不便さがわかる。昭和三十二年にその建物を取り毀すとき、厨子の中から木端のような仏様が出てきた。みなが焚いてしまおうというのを、総代が勿体ないからといって観音堂へうつした。それが、四年後には円空仏とわかって一躍脚光をあびたという次第である。円空はおそらく、取り毀された正谷院の荒れ寺に泊って、四体の仏像を彫ったのであろう。

ここの仏像で興味があるのは善女竜王像である。展覧会目録には竜頭観音などとあるが、まぎれもない善女竜王である。円空が各地に多くの善女竜王をのこしたのは、雨乞本尊として農民の要求にこたえたからである。空海の神泉苑祈雨に、池中から出現したといわれ、高野山竜光院の善女竜王画像は男性像である。もともと水天や、弁財天との習合がみられるものであるから、円空は弁財天を意識して女性像をつくったのであろう。武蔵野では薬王寺に二体をのこしている。宮ヶ谷塔観音堂像は直径一〇センチに長さ七〇センチほどの丸太の切端をもちい、岩槻の浄安寺像のように、二面をはつり取った内側に、竜頭をのせた顔だけを彫刻している。したがって胴から脚にあたる部分は鉈はつりのままで、袖と裾の突起を二段截り込んだだけである。他の三体は観音像であるが、一体は宝髻をもつ忿怒面なので、馬頭観音であろう。

島(大宮市)の薬王寺は武蔵野の荒れ寺のうちでは円空仏をもっとも多く所蔵している。なかには天神像のように、村のなかの小さな路傍の祠にまつられていたものまである。山王神像は本堂横の山王社の神体だったもので、典型的な段状衣文が本像の堂々たる押出しに力をそえる。本堂の南の小祠二宇には稲荷の狐と疱瘡神の迦楼羅がまつってあった。疱瘡神は日本に種痘が入ってからは、種痘がよくつくようにと参るが、円空のころはおそろしい神として表現された。

薬王寺の円空仏は南中野(大宮市)の正法院とともに、十二神将がもっとも有名である。円空は尾張でも鉈薬師や荒子観音、音楽寺や正覚寺、それに美濃大垣の報恩寺とそれぞれ特色ある十二神将をのこしているが、薬王寺と正法院のものはともに正覚寺式の面貌をそなえている。この様式の十二神将は薬師如来をまもる忿怒尊であるから、つりあがった眼、動物的な鼻梁(びりょう)、長く裂けた口を誇張して、いささかカリカチュアライズしている。ただ正覚寺十二神将では衣文に変化があって、飛鳥仏風鰭状突起や雲形文様や擬似翻波式をもちいたのにたいし、武蔵野では擬似翻波式の並行衣文で統一し、力感に満ちた群像の効果をあげている。また薬王寺本尊の薬師如来は円空晩年の如来形の代表作の一ということができる。素材の柾目(まさめ)の断面をそのまま自然の垂下衣文に利用し、肩に切れ味のよい鑿跡で段状並行衣文をあらわし、前面正中の三日月形の溝状衣文と両裾の鰭状突起の曲線をアクセントにしている。ふくよかな頰とこぼれる微笑で、いささか人間くさいところもあるが、仏像としての規範と節度をまもりながら、全身にみなぎる仏の愛を生き生きと表現して、古典を超える作品である。

　薬王寺も田圃のなかに、武蔵野の雑木林をそのままのこした廃寺である。本堂裏に「法印」または「法印権大僧都」という、山伏称号をもつ墓が七基あるから、山伏止住の寺であったらしく、ちかごろまで笈(おい)や網代笠(あじろがさ)がおいてあったという。無住になってから南中野正法院の兼務となり、留守居の尼さんが代々かわったが、いまは俗人の留守居だけである。本堂には絵馬が多く、「め」をたくさん書いたり「大願成就御礼」などとあるのは眼病に霊験あらたかとの信仰があるのだろう。御詠歌がかかっていて、

　　むかしより　みをうき島に　たのみおく

身をば仏に　祈るなりけり

とあり、彼岸には老婆たちが巡礼してあるく習慣があったものとおもわれる。五月八日の仏生会と、盆の十二日と九月十二日の縁日には境内に市も立ったそうだが、もうさっぱりですと門前の老人はなげいていた。

円空はこのような荒れ寺や無住の庵を転々としながら武蔵野の農民にまじわり、かれらのもとめる民俗信仰の仏像を彫ったのである。したがって円空仏の心を知るためには農民の心や生活を知らなければならない。これによせられた民俗信仰を知らなければならない。それを全く度外視して貴族的な芸術の尺度や感覚や理論でみることは円空仏の曲解にほかならないとおもう。

3　木曾路の足跡

北海道から寛文七、八年（一六六七―一六六八）ごろ、帰路についた円空が、下北、津軽から出羽路をへて日光に出て、武蔵野を遍歴したのち、木曾路をとって尾張、美濃へ出たであろうと私はさきにのべた。しかし現在木曾にのこる円空仏はかならずしもこのときのものではないようである。

円空　天神（長野県南木曾町　等覚寺）

円空が木版経典の裏に、勤行次第をかいた「経稲荷頂戴」という題箋のある折本は、彼が登頂したらしい山神の名をしるしている。私はこれを信ずるかぎり、従来の説とはことなり、愛宕山、伯耆大山、阿蘇山、霧島山、石槌山と中国、九州、四国の修験道のある山に登山修行したものとおもう。この手控にある北海道の臼嶽神と内浦山神は、洞爺湖観音と磯谷岳観音の背銘に「始山登」とあるのでまちがいない。釜臥山神（恐山）も作品の千体地蔵、十一面観音があり、岩木権現、鳥海権現、羽黒権現も津軽、男鹿半島から出羽路の道筋で、登峰うたがいない。日光権現は作品があり、筑波権現は武蔵野放浪中には関東の名山だから可能性が多い。富士浅間大菩薩と白山権現は『近世畸人伝』にあるし、乗鞍権現と立山権現は作品の分布から当然登ったとかんがえられる。伊福権現（伊吹権現）は円空歌集に多数の歌があり、高賀神社の峯児大菩薩とあわせて、つねに彼の往来した山であろう。金峯蔵王権現には作品があり、駒嶽権現と御嶽権現が木曾路で、これがいま作品をのべようとするところである。駒嶽は木曾駒と甲斐駒とあるから、いずれとも決しがたいが、御嶽は木曾路の円空仏があるかぎりたしかである。そのほかに神嶽権現と天童山神（近江の飯道山か）と南海竜王と北山大権現がわからないが、この手控はいずれも円空登峰の山の神をしるして、毎日の勤行に南無何々と唱えていたものとかんがえてよい。そうすれば南無大山権現、南無阿蘇山権現、南無霧島権現、南無石槌権現も登頂済と断じていいのではないか。円空はそのほか歌集のなかに、鞍馬、平野、戸隠、富士、白山、熊野、羽黒、大山、日光、金峯の山伏名をならべ、戸隠、飯縄、浅間、乗鞍、駒嶽、白山、伊吹、倶利迦羅山などを詠んでいる。

ともあれ木曾路は御嶽、駒嶽などに修行するときかならず通ったから、作品ものこったものとおもわれるが、ここにも窟籠りの伝承がある。いま三留野（南木曾町）の等覚寺に弁財天十五童子像と天神像と韋駄天像がある。弁財天十五童子像については、享保二年（一七一七）十月二日の棟礼の記載があり、当山四代の竜峯大和尚が貞享三年（一六八六）八月十二日に、堂をたてて弁財天十五童子を勧請したとあるから、これにまちがいあるまい。別の棟札にも竜峯大和尚が寺の蔵のなかに、白蛇が蟠っている祥瑞をみて勧請したともあるが、歴史家たるものはこれでこの像が貞享三年の作と断定するほど人が良くなくて、いささかうたがいぶかいのである。

まずこの弁財天十五童子は天神像とともに、貞享三年というほど後期の作品とみとめがたい。V型溝状並行衣文も、引目勾鼻風の一文字式眉目もともに円空中期作品を特徴づけ

円空　天神背銘（長野県南木曾町　等覚寺）

るものである。天神の背銘梵字(ぼんじ)も、後期の飛騨千光寺(せんこうじ)両面宿儺(りょうめんすくな)（164ページ）背銘梵字に比較すれば、まだ若々しい。大日三種真言の上にある[梵字](カ)・[梵字](カーン)の二種子(しゅうじ)は、[梵字]が三十番神の北野(きたの)天神であるが、本地十一面観音とすれば白山でもよい。

　等覚寺の縁起によれば、この寺はもと一キロほどはなれた沼田にあって、白山権現を岩窟(がんくつ)内にまつったのがはじまりであるという。沼田は三留野の駅の西、木曾川の対岸で、いま蘇南(そなん)高校があり、背後の山の中にその岩窟がある。縁起では開祖行基(ぎょうき)が「沼田の境の険山の岩窟」に白山権現を勧請し、またみずから観音の尊像を彫刻して、岩窟におさめた。俗にこれを岩屋堂というが、麓(ふもと)に一精舎を建立して、日照山（俗に矢立山とも伊勢木屋ともいう）等覚寺と称したとある。だからいま三留野の宿(しゅく)の上にある等覚寺は第二次の等覚寺である。

> 今ニ岩窟ノ中ニ尊者（行基）ノ安禅石有リ、社中ニ自作シ玉フ観音ノ像アリ。後代々白山権現ノ社僧タリ。近辺ニ観音堂、地蔵堂ノ旧跡アリ。皆自作ノ尊像ヲ安ズトイヘドモ、鳥飛兎走テ堂宇傾頽ニ及ビ、終ニ仏像ノミアリテ、後野火ノタメニ焼却セラルト云伝フ。

とあって、円空らしい姿が「行基」の名においてかたられている。円空が「今行基」とよばれたことと、おもいあわすべきことであろう。

等覚寺は天正以後大雲和尚が現在地にうつして曹洞宗となった。そして中興開山鉄心道印から三世の単岩哲禅（延宝八年三月十四日寂）のころ、円空が木曾へきて、沼田の岩屋で行をしながら彫刻した弁財天十五童子像を、四世竜峯克禅（元禄十四年十一月十一日寂）が貞享三年に等覚寺へ勧請したとかんがえられる。

弁財天十五童子は組立式雛壇（ひなだん）型台座に、群像として配列されている。その台座裏に、

　　　　　并十五童子
　𑖀　大辨財功徳天
　　　不動荒神歓喜□天

とあるように、十五童子のほかに不動・荒神・歓喜天などがあったはずだが、いまは七童子と不動しかのこっていない。しかし台座の枘（ほぞ）は十七しかかぞえられないので、十八あったかどうかは疑問である。この雛壇型台座は名古屋市天満（てんまん）通り長養寺（ちょうようじ）の不動三尊にももちいられ、彫刻様式もまったく瓜（うり）二つなので、同時期の作品であろう。童子の表情がそれぞれ個性をもって、あるものは斜上向に遠方を凝視し、あるものは目を伏せて想いにしずむ。技巧の冴えはさすが天才というほかはない。不動も三・七センチのミニタイプながら至れ

りつくせりの表現である。

天神像は様式的には初期の美濃郡上郡美並村の神像に似ているが、まずV型溝状並行衣文がダイナミックになり、目も彫眼から一文字引目となる。また微笑をあらわす仰月形の口と、口角の窪みがいかにも躍動的である。台座は六角形の半截に筋彫をほどこしたもので、善光寺仏の筋彫臼座の変形とかんがえられる。背銘は三種大日真言の両側に毘沙門天と愛染明王を配している。

韋駄天は台所にあったとのことで真黒だが、これは謡曲『舎利』にみえるように、韋駄天を寺の守護神とする俗説から、大黒天や荒神とおなじく台所にまつったものであろう。韋駄天の本説は『金光明経』『大雲経』や『涅槃経』あるいは『法華経』の陀羅尼品に見えるところでは、仏教の守護神ではあっても台所に関係はないから、やはり円空の造像は民俗信仰に同調したのである。

木曾ではほかに、山口村神坂の永昌寺に持蓮華の聖観音立像と田立（南木曾町）古田源太郎氏蔵の持蓮華の白衣観音立像があり、ともに円空中期の簡素なV字形溝状衣文をほどこした微笑像である。永昌寺観音像の背銘には、円空筆でない「施主　桃雲宗源庵主」と墨書してあるのがめずらしい。もと民家にあったものが永昌寺に寄進されたものとすれば、このあたりの民家にはまだ埋もれた円空仏があるのではないかとおもわれる。

円空はこのとき木曾から三河へ入ったらしく、奥三河の鳳来町巣山に熊野神社旧蔵で未紹介の如意輪観音の小品がある。まことにめずらしい思惟像で、右手を頬にあて、右膝を立てた像である。関東地方の路傍や寺の入口によくある型だから、関東の影響がかんがえられる。V型溝状衣文や台座の蓮座などから見て、先にあげた木曾の等覚寺や、永昌寺像と同時代であろう。巣山はちょうど鳳来町から秋葉権現へ出るいわゆる旧秋葉街道の宿場にあたるので、円空が鳳来寺から秋葉権現に参詣した足跡をしめすものとおもわれる。鳳来寺も秋葉権現も修験が勢力をもっていたところで、鳳来寺周辺には行者のこもった洞窟や、素人造りの寝観音という石仏ものこされているので、円空に似た聖があつまるところであったらしい。このような霊場にはまだまだかくされた庶民仏教の歴史がひそんでいることをおもわせる円空仏である。

第四章

1　志段味の丘の馬頭観音

志段味の丘に立って北を見ると、庄内川の大きな彎曲がはるか下に見えて、濃尾平野の茫洋たるひろがりが、工場の煤煙でかすんでいる。名古屋工業地帯の波がこのあたりまでおしよせたのである。そのうえ龍泉寺のすぐ東隣りに温泉ができて、ヘルスセンターの名で丘をきりひらいてしまった。それでも丘の西半分は緑したたる椎の古木の密林で、この丘が小牧山合戦の龍泉寺城址だったことをしのぶには十分である。寺ではこの地の利を生かすつもりで、モダーンな展望台と、円空仏を収蔵する宝物館を鉄筋コンクリートで建てたが、馬頭観音の信仰にはあまり関心がないようであった。

志段味の龍泉寺は音にきこえた馬頭観音の霊場である。円空がここをおとずれたのも、この馬頭観音にひかれたからである。それはここの縁日の初午にちかい立春のころであった。数すくない円空の在銘紀年作品の一つ、馬頭観音像の背面に金剛界五仏の種子をならべた下に「日本修行乞食法師」と書いて円空の文字は消えて見えない。

日本修行乞食法師

龍泉寺大慈大悲観音

□□三丙□立春大祥吉□

志段味龍泉寺の馬頭観音は、三河小松原（現豊橋市）観音寺の馬頭観音とともに、初午詣の紙絵馬でしられている。寺から刷物の紙絵馬を買って、そのあたりの木にむすびつけてくるのだと、大正年代の民俗調査報告にある。まだその行事はありますかと寺の人にきいたら、全然きいたこともないとにべもない返事であった。実は円空がこもった飛騨高山の松倉山、普門堂の窟にもこのような紙絵馬信仰がある。

高山では松倉山の縁日に紙絵馬を売る特定の家が四軒あって、これに素玄寺が出張して馬の上に朱印を捺してやる。買った人はこの絵馬を木にむすんでくるのでなくて、家にもちかえって入口に貼っておく。関東、東北でも初午に山の上のお宮へまいって、板絵馬を買ってかえるところが多い。いまは玩具化されて三春駒などになっているが、これは山の神を春のはじめに田へまねきおろして、田の神になってもらうための神の乗物の意味である。

一般に山の神は山王などとよばれて猿の姿で表現されると、馬にのった猿や、馬を曳く猿が、絵馬にかかれたり、駒曳猿の絵銭になったりする。稲荷も山の神であるが、田におりると稲を荷う老翁のような田の神になる。この方は宇賀乃御霊とよばれて、食の根（けつね）という意味で狐の姿で去来すると信じられた。これも馬にのって去来するはずだが、「狐を馬にのせたようだ」などと、眉唾あつかいされたのはどうしたことだろう。

龍泉寺の初午の紙絵馬は馬頭観音の馬と、稲荷の狐が無関係でなかったことをしめすもので、私が龍泉寺へのぼって行くとき道連れになった老人夫婦は、龍泉寺の馬頭さんは豊作と厄除けの神様ですよと話してくれた。厄除けの信仰は、『大日経』に　馬が四大洲を馳駆するごとく、また草をむさぼり喰うがごとく、「四魔を摧伏し、無明の重障を噉食する」のが、馬頭観音（Hayagriva）の大威神力である、という教説からきているのであろう。

馬頭観音はまた養蚕の守護神、牛馬の守護神ともされ、死馬牛のためには供養仏ともなる。まことに庶民信仰の万能選手的観音で、しかも六観音中唯一の忿怒形であるところが、優婆塞聖の円空にぴったりである。

龍泉寺の馬頭観音もふるくは志段味の丘の養蚕農家の民俗信仰から出発したのであろう。東北地方では馬頭観音とオシラ神は一体で、桑の木の棒に馬の頭をきざみこんだものである。そのいわれを、きまん長者の姫と、名馬せんだん栗毛の恋物語としたのがオシラ祭文で、この姫と馬の霊が桑の木につく蚕となり、また馬頭観音とあらわれたもうたとする。

円空　馬頭観音
（愛知県名古屋市　龍泉寺）

私は円空の造像が、儀軌や密教教理によるよりは、このような庶民の心を表現した民俗信仰に根ざしたものであることをいいたいのである。その点、龍泉寺の馬頭観音と初午の絵馬は興味津々たるものがあるが、一応その背銘梵字は密教の金剛界大日五仏を書いている。しかし宝生如来（梵）と阿弥陀如来（梵）の梵字の書き方は誤字である。私はすでにのべたように、円空は北海道からかえってから、密教の勉強をしたようであるが、一生涯造仏背銘の大日三種真言の一つ、アラハシャノーウをアラバシャキャと誤記するのは密教理解の程度をしめすものとしておもしろい。

ところで龍泉寺馬頭観音は背銘年紀をもつが、これが一体円空中期の作か、後期の作かということが問題である。この像は肩の段状衣文と袖の擬似翻波式溝状並行衣文が比較的密にきざまれて、力づよい線的構成が特色なのであるが、これは日光清滝寺の不動明王二脇侍、大宮市正法院の十二神将や、美濃上之保村鳥屋市不動堂の護法神、津島市地蔵堂の自刻像、あるいは飛騨千光寺の両面宿儺（164ページ）、高山市東山神明神社の柿本人麿像など、円熟期に見られるものである。龍泉寺の他の円空仏である天照皇太神像と熱田大明神像についてもおなじことがいえるので、この特色は偶然的なものではない。

ところが土屋常義氏をはじめ、従来の研究者は、背銘紀年の不明個所を「延宝」とよんでいる。しかしこれが延宝三年（一六七五）ならば、干支は「乙卯」でなければならないのに、「丙□」とあきらかに読めるからこれはあたらない。そこで吉田富夫氏のように延宝四年丙辰という説もあるが、四を「二二」と書いたとすれば、背銘の上の二は「二」と見えるので、これも採れない。これはあきらかに「三」で、上の「一」が問題なのである。

年が「三」で干支が「丙□」は「延宝」と読むこと自体が無理ではないか。そうすれば決め手は作品の様式である。円空の造像歴で延宝から天和年間（一六七三―八四）は中期であるが、その標式的作品は、延宝三年銘の大和松尾寺蔵、役行者像や、延宝七年銘の美濃郡上郡美並村熊野神社十一面観音像などである。これらとくらべた場合、龍泉寺馬頭観音像が中期の作品である気づかいはない。この不明個所は「貞享」と読み、貞享三年（一六八六）丙寅とすべきであり、「三」の上の「一」は、「享」の「子」の横一なのであ

円空　天照皇太神（愛知県名古屋市　龍泉寺）

る。

円空の神像にはいろいろ解せないものがあるが、龍泉寺の「天照皇太神」と、背銘墨書のある神像(133ページ)と、美濃郡上郡美並村根村神明神社の背銘ある天照皇太神像は男神である。天照大神の本地、雨宝童子には女神的表現がみられるが、天照大神を男神としてあらわすのは、祇園祭の鉾人形以外に私は例をしらない。神話では高天原で素盞嗚尊が攻めのぼったとき、天照大神は髪を御髻にまいて弓矢をもち、男装したということはある。しかし神職の姿をしたり、顎鬚を生やすとは論外である。

これは円空の造像がかなり恣意独善で、御神体は氏子に見せるものでないから、かなり自由な作り方をしたのではないかとおもう。実際に、円空ブームで研究者が祠をかきまわして、はじめて氏子が神体を見たという神像や本地仏はかなり多い。なにかの機会に氏子総代が祠をあけたところ、仏像だったために、氏子は御神体をぬすんだ泥棒が代りに仏像を入れたといって、さわいだ話を神職からきいた。この話は氏子の無知とわらうよりも、神体は見るものでないというタブーを、しめすものとかんがえるべきではなかろうか。あるいは円空は、神は目に見えぬもので、司祭者(神主)や巫女に憑るのだから、司祭者をまつればよいといった顕斎の哲学で、司祭者を御神体につくったとするのも、思いすごしであろう。

龍泉寺の名物は木端仏で、四センチから二〇センチまでの小仏像が六百個ほどある。これが巷間に流出したのを入手所蔵している某氏が、親戚の娘からペンダントに頂戴、とせがまれて困ったときいたが、そうおもうのも無理からぬほどスマートで、可愛らしく、うつくしい木端仏である。大部分が観音像で、千体仏だったであろう。なかでも焰髪を頭上でひらいた護法神や動物神は、とくに個性的で、軽妙で、愛らしい。これをたのしげに、祭文のくどきなど口ずさみながら、さくさくとけずっては、ぽんぽんと箱へなげこんでいった円空の姿が目にうかぶ。円空歌集に、

作おく　千々の御形の　神成や
　万代迄の　法の　かげかも

とあるから、千体仏と千体神の区別もなかったのである。あるいはこれは寺からの注文品で、寺は参詣の信者に寺務所で売って、本尊や諸堂に奉納させるためのものだったかもしれない。そんなことを今したら、みな持ちかえってペンダントにしただろうが、その先例は奈良の元興寺極楽坊や、当麻寺や、興福寺の中世庶民信仰資料といわれる、小型板五輪にもある。寺はこれを十枚束で売り、参詣者は諸堂へ一枚一枚賽銭代りに投げこんでまわったらしい。いつの世でも横着者はおって、十枚束のまま本尊厨子にほうりこんだものがのこっていたので、事情がわかったのである。円空の木端仏制作の事情もそのようなもの

円空　十二神将（愛知県名古屋市　鉈薬師）

とおもうが、多数の仏像をつくるための速度と省略が、かえって木端仏の冴えたタッチと、清潔な美を生んだのであろう。

名古屋の東山は日泰寺の仏舎利塔と、霊苑だけが有名になって、鉈薬師を知る人はほとんどなくなった。これは名鉄社長の邸内にとりこまれていたために、円空仏を拝観するのは容易でなかったせいらしい。私は面倒な手続を「まつり研究会」の田中義弘氏におまか

円空　童子（愛知県名古屋市　鉈薬師）

せして、晩秋の紅葉がわずかにのこる紅葉山へのぼっていった。帰化人張振甫の邸宅だった名残りを門前の中国風石人にかんじながら、風がわりな薬師堂に入るとひんやりした石畳には黄檗山万福寺の空気がただよっていた。

張振甫は明朝の遺臣で寛永年間（一六二四―四四）に朱舜水や陳元贇らとともに、日本に亡命した学者の一人である。その素性にはいろいろの異説があってはっきりしないが、尾張藩に保護されて藩医をつとめたらしい。彼が寛文九年（一六六九）に藩主から給せられた上野村の地内に、村内の陽光院（現永弘院）内薬師堂を移建したのが、鉈薬師の起源で、このとき円空仏（新仏）も安置されたと、『張氏家譜』はしるしている。

しかし寛文九年といえば、円空が北海道から尾張、美濃へ帰着したばかりで、現在の円空仏である日光、月光と十二神将、童子像などが、そのとき制作されたとはかんがえにくい。この一群の造像を特色づけるのは、雲形唐草文様で、きわめて大胆な装飾化がおこなわれたことである。十二神将の面貌や衣文や刀法からみて、これが初期作品はもちろん後期作品にもあてはまらないことはたしかである。したがって中期のある一時期にかぎり、雲形唐草文様をこのんでもちいたものと推定される。それも名古屋の石仏町薬師寺薬師座像、名古屋鳴海町瑞泉寺十一面観音立像のように、名古屋に多く、この文様の完成形は美濃洞戸村高賀神社の狛犬一対に見ることができる。

円空の初期の彫刻が絵画的、平面的であるのに、後期は立体的、動的になる。鉈薬師仏はそのなかで絵画的装飾的要素がつよいけれども、初期の型をやぶって、奔放な造型に一歩ふみ出した作品である。とくに十二神将は名古屋城の残り材を下付されて用いたといわれるだけに、長方形の厚板にレリーフ状に、嵌め絵風に彫刻したものである。その代表的な例が辰にあたる頞儞羅大将で、雲をおこして昇天せんとする竜を全体の意匠にしている。横綱の化粧まわしにでもありそうな大胆なデザインであるが、仏像としても装飾としても、十分な内面的発酵がないため、こけおどしだけで迫力にとぼしい。なおいえば中国人張振甫を意識したスタンドプレーの観がある。これは大津絵の「鬼の寒念仏」などに比較すれば、民族的伝統の重味にたいする、個人の思いつきの軽薄さの相違で、勝負にならない。この段階の円空仏がいまのモダンアートに対応するのではなかろうか。

　この十二神将の隅に、小さな童子像が一体、鞠躬如として礼拝している。溝状並行衣文と雲形唐草文がよく調和し、面貌も礼譲をあらわした君子の相である。従来円空研究者は合掌僧形の円空仏があれば、なんでも善財童子の名を冠するのが流行のようだが、これも善財童子といわれている。童子（Kumâra）は普通俗形で、将来出家せんことを志しながら比丘の侍者となるものであるから、僧形でない。この鉈薬師の童子は円頂であるが僧衣はつけない。普通群像のなかにおかれた僧形合掌像は自刻像とするのが正しいが、これは自刻像とすることも困難である。もっとも可能性がつよいのは張振甫その人が、邸内に勧請した薬師如来、脇侍、十二神将につかえる姿であろう。そうすれば合掌の手に捧持するのは圭刀（薬匙）と見ることができ、薬師如来に医術の上達をいのる願主の姿を、円空にたのんで群像のなかにのこしたものと解することができよう。

2　尾張野の木端仏

武蔵野の円空仏もえらびにえらんで、交通不便な田舎にばかりあって、お目にかかろうとすると手間がかかったが、名古屋市とはいえ荒子も大へんな田舎である。車一台やっとというせまい道路に近代がひしめき合って、両側の土塀や、羽目板や、貝のようにかたく閉じたガラス戸までが、気の毒に泥のはねだらけである。荒子観音の門前町として発達した集落だが、観音寺にも門前町にもまったく無関心な近代が、泥と埃だけをはねかけて、傍若無人にまかり通ってゆく。円空仏のおわす仁王門も泥だらけ、埃だらけであった。しかし円空の仁王は展覧会場のガラスケースより、このごみごみした田舎の門前町の方が住みよさそうである。年二、三回の縁日に仁王門をくぐって、腰のまがった爺さん婆さんや、屋台店へいそぐ鼻垂れ小僧が通るとき、円空の仁王は目を細めることだろう。

浄海山荒子観音寺の縁起、寺領、什物を記録した『浄海雑記』の円空小伝（全栄法印撰）は、いま一般にいわれる円空伝記の定本となっている。しかし円空の出自や出家、受法、あるいは上人号と錦繍の袈裟を天皇から下賜されるなど、信じがたい記事に満ちている。大師号、国師号と紫衣ならば話はわかるが、上人号は江戸時代にはどんな坊さんでももっていたし、錦繡の袈裟などは代金と引換えに、法衣屋から下賜されるものだ。もともと円空百五十回忌の天保十五年（一八四四）撰の伝記だから、そのまま信ずること自体が無理である。

したがって荒子観音の円空仏が、明暦年間（一六五五―五八）の作であるという『浄海雑記』の記事は、現存作品の様式から否定されねばならない。明暦年間は美濃郡上郡美並村根村神明神社の天照皇太神像の寛文三年や、同村福野白山神社の阿弥陀如来座像の寛文四年より七、八年さかのぼるからである。これにたいし『浄海雑記』巻三に、

延宝四丙辰年極月廿五日　日本修行沙門　円空

の奥書ある『両頭愛染法』という密教修法の聖教があるのは、円空滞留の年時を暗示するものといえよう。すなわち荒子観音の円空仏は、すくなくも延宝四年から天和年間にかけての、円空中期の様式をもっている。

この寺で有名なものの一つに木端仏がある。志段味龍泉寺のペンダント型木端仏ほど洗練されてはいないが、一つ一つ個性をもったユーモラスな群像である。『浄海雑記』に千面菩薩とあるのはまさしくこの木端仏をさすのであろう。従来の研究者が千面菩薩は今は

円空　木端仏（愛知県名古屋市　荒子観音寺）

亡失したといっているのは、現段階の円空研究が、いいにくいことながら、天狗ばかり多くてまだいかに若いかをおもわすものだが、円空の作意は千体仏と五百羅漢を兼ねているのである。

江戸時代に五百羅漢が多数造立される庶民信仰的意義を、ここで論ずる紙幅をもたないのは残念である。しかし五百羅漢は石造にもせよ、木造にもせよ、そのなかに肉親の死者の顔があるという信仰、すなわち他界信仰にささえられている。耶馬渓の羅漢寺五百羅漢のように、幽暗な山中の洞窟におさめられているのは、もともと洞窟が黄泉路にかよう入口であるという信仰があり、そこへ行けば亡き肉親にあえるといわれたのを、視覚的に現実化したまでである。人々はそこに亡き人の面影があっても、なくても、肉親をうしなったかなしみは自分一人だけのものでなく、こんなに大勢いるんだと、自分にいいきかせることで、なぐさめられたのである。

この他界信仰は善光寺「戒壇めぐり」のような、平地の霊場にもつながってくる。私はこれを霊場信仰の分化現象と名づけているが、そのために荒子観音寺も平地の霊場化し、死者のための塔婆供養（ほとけたて）がおこなわれることになる。善光寺へ行けば死者にあえるというように、荒子へ行けば死者にあえるという信仰が、木端仏の千面菩薩にうかがわれるのである。

円空仏の研究や鑑賞はフォルムだけで見ていると、千面菩薩の心さえ見ぬけない。江戸時代には人間のいのちはもろかった。私は墓参りの老婆が「子供ってもろいものだよ」と瀬戸物みたいにいうのを、そのときはおかしく聞いたことがあるが、むかしは大人だってもろかった。現代のように医学のおかげで、交通事故にあわぬかぎり、人間の生命が地球の重さほどに、堅牢無比をほこるようになると、老婆の実感がわからなくなってしまう。円空は肉親の死のかなしみにおろおろしながら、あの子の面影をもう一目みたいという無理な注文で、荒子をたずねてくる迷える親たちのために、「そうなげきなさんな、笑いなされ」とあたたかくなぐさめている。

赤ん坊の顔がある。少年の顔がある。少女の顔がある。駄々っ子の顔がある。かわい子ちゃんの顔がある。自閉症の子の顔がある。肥満児の顔がある。瘦(や)せ子の顔がある。呑(の)ん気坊の顔がある。泣き虫の顔がある。むっつり屋の子の顔がある。利発な子の顔がある。猪首(いくび)の子の顔がある。抜け首の子の顔がある。これならどれかがあてはまる。

千面菩薩は五百羅漢の二倍だけ、死者にあうチャンスを大きくした。それからまた転じてその顔に似た子供の病気をなおす守り仏に借り出すこともあったかもしれない。というのは千面菩薩の箱に「千面菩薩鎮民子守之神」とあったというからである。円空歌集に、

天の戸を　明(あく)る日事(毎)に　形移(かたうつす)　千々面(ちぢのおもての)　千々御年哉(ちぢのみとしか)

とあるのは、千面菩薩は、いろいろの年齢のいろいろの顔の子供に該当できるようにという配慮である。それを毎日毎日彫りつづけたありさまが、この歌にあらわれている。だからこの木端仏は表現を面相にだけ集中した。あとはまったくといってよいほど手を加えないのだが、これを例の伝で、モダンアートの心得があったようにいうのは、円空の意図をしらないからである。しかしすべての悲しめる人をなぐさめ、すべての病める子を守ろうとして、表現を顔のヴァライェティに集中したために、結果的にはみごとに高い芸術的効果をあげたのである。

荒子観音のもう一つの名物は不動明王と護法神である。不動明王は火焔光背の奇抜なあつかいと造型のたしかさが見どころであり、護法神は自信にみちた鑿の冴えが、われわれの心のなかのもやもやした煩悩までスカッ、スカッとけずりとってしまう。これこそ山伏のめざす験力に可能な、奇蹟の芸術的表出であろう。民俗信仰の対象としての宇賀神と歓喜天（157ページ）については説明を省略する。

木曾川が日本ラインの渓谷から尾張野に出たあたりに、扶桑町斎藤の正覚寺と江南市村久野の音楽寺がある。ともに円空の十二神将でしられている。正覚寺は尼寺で、辻堂風の庵であったが、昭和三十四年に本堂ができて寺名を称した。この十二神将は円空中期の様式で、鉈薬師の装飾的手法から脱皮しようとして、脱皮しきれない作品である。ふかく彫りこんだ擬似翻波式衣文と雲形唐草文との二種からなるが、無意味で無駄な線がめだつ。面貌は横ひろがりの眉と目と鼻と口が特徴的で、忿怒形の十二神将だからと動物的表現をこのような形でこころみたのであろう。しかしその意図は芸術的な昇華をみるまでにいたっていない。動物的表現をとくに猿の面にとったのが「申」の摩虎羅大将であるが、「亥」の毘羯羅大将と「卯」の安底羅大将は女性的な微笑さえみせたのは、円空の勝手な解釈である。

正覚寺十二神将の装飾過剰にたいして、音楽寺の薬師、二脇侍、十二神将、大護法善神は円空芸術の最高峰をしめしたものである。円空後期のもっとも油ののった時期の作品であろう。すなわち物象の立体的なとらえ方と、その表現技巧が、間然するところなくゆきとどいている。かたい木材を塑泥のごとく自由自在にこなし、かつ無駄がない。忿怒が内面的におさえられて微笑となる。しかし欠点をいえばそれはあまり巧すぎて力動感に欠けることである。優等生すぎるのである。

大護法善神の表情はまったくの好々爺で、仏敵もこの微笑で敵意をうしなうであろうが、芸術としては弱い。この像の背銘に、

円空沙門（花押）

大　護　法　善　神

幾度モタエテモタツル

ミエノテラ

九十六オクスエノヨマテモ

とあり、この歌は荒子観音の護法神の背銘にもある。ところが延宝二年の志摩阿児町立神薬師堂と、志摩町片田の大般若経奥書は、この歌の「ミエノテラ」が「法ノミチ」となっているので、荒子観音と音楽寺の護法神は、円空が三井寺との関係ができてからという推定がなりたつ。それは延宝七年の「仏性常住金剛宝戒相承血脈」すなわち授戒を、三井

寺の尊栄大僧正からうけたとき以後、ということになるであろう。

尾張野も木曾川下流で最近発見された円空の千体地蔵は、津島市の中心街、天王通りの小さなお堂にある。といっても私はそこの顔役にいくらたのんでも、拝観を拒絶されたから、お堂だけで円空仏の実物は見ていない。あまり小さなお堂なので、半信半疑でかえっ

円空　護法神（愛知県江南市　音楽寺）

てから、念のため写真をとった後藤さんにきいたら、千体たしかに入っているということだった。

中世庶民信仰の千体地蔵は、一人が一体ずつ奉献して、千体にいたるものであるが、津島地蔵堂の場合はどのような方法で、千体にしたかはあきらかでない。しかしこのなかに、特別写実的な彫法をほどこした僧形合掌像がある。美濃・関市神明神社や、飛騨千光寺や、飛騨上宝村平湯薬師堂、美濃郡上郡美並村木尾庚申堂や、武儀郡武儀村観音堂（合掌童子形）、池尻西光寺（老僧頭巾趺座像）などの自刻像と比較して、自刻像たることはうたがいがない。また飛騨清峯寺の千手十一面観音の足元にも自刻像があるが、千体仏のような群像に自刻像を配する場合は、自分もまた諸仏の一員であるとする聖意識とともに、群像造立の勧進者をしめすためとみることができる。だからこの千体地蔵は円空が勧進兼仏師となって、造立の費用をあつめてできたのではないかとおもわれる。自刻像のV型溝状並行衣文や逆三角形プランなど、大宮正法院十二神将や日光清滝寺不動三尊と同時代作とみることができよう。

3　伊吹山と大峯山

円空の生涯のうち、もっとも大きな活躍をしたのは美濃と飛騨であるが、その前にその周辺を見ておくこととしたい。

伊吹山は『近世畸人伝』その他の伝記がまったく触れなかった円空止住の地であるが、洞爺湖観音背銘で、みずから「江州伊吹山平等岩 僧内」と名のったので、これ以上たしかなことはない。いま円空生誕の地といわれる羽島市竹ヶ鼻あたりの田圃に立つと、西に冬ならばひときわ白い雪をかむった伊吹山が見える。二十三歳で修験の道に入った円空が、幼少年時代から仰ぎ見た、伊吹山修験の太平寺に身をよせたのは自然であろう。伊吹山からは美濃の徳山から根尾の能郷をへて蠅帽子峠をこえ、越前西谷へ入って白山にのぼる交通路があって、白山禅定を主たる修行としながら、富士山禅定、立山禅定などをこころみたであろう。そのうち伊吹修験に伝承された木彫をおぼえ、奥美濃の白山社をたよって勧化にまわるうち、加茂郡富野村（現関市）西谷の白山社に阿弥陀如来像以下三体の仏像をのこし、ついで寛文三年に郡上郡美並村根村の神明神社神体二体、寛文四年に同村福野の白山社に神体阿弥陀如来像、おなじころ同村勝原の子安神社の子を抱く子安神、諾冊二尊、春日明神や水神などをのこすようになる。それから寛文五年に北海道へわたって、寛文六

円空　十一面観音（滋賀県伊吹町　太平寺観音堂）

年造像の洞爺湖観音（39ページ）に伊吹山僧を名のるのであるから、正式の天台宗僧として授戒灌頂をうけるまでは、伊吹山修験の身分であったとかんがえられる。

円空が天台宗僧となるのは、私の見解では貞享元年の「天台菩薩戒師資相承血脉」をうけたときより早くはない。というのは延宝七年の「仏性常住金剛宝戒相承血脉」は山伏修験でもうけられる授戒だからである。しかし正式には元禄二年八月七日の「授決集最秘師資相承血脈譜」をうけ、池尻の弥勒寺(みろくじ)が三井寺園城寺(おんじょうじ)末寺として「寺門末法加行(じもんまっぽうけぎょう)」をゆるされたときまでくだるだろう。したがって円空が伊吹山修験の身分をもつ期間は、かなりながかったとかんがえなければならない。

円空はしばしば伊吹山太平寺をおとずれたとおもうが、元禄二年三月には長さ一間の桜の丸太そのものを、巨大なコケシ状に首をきざみこんで、十一面観音立像を彫った。東北、北海道の十一面観音立像とおなじく、プロポーションを無視した像であるが、丸太のマッスを生かしており、修験の神木とする桜材のかたさが心地よい。その背銘に漢詩と和歌と、有名な「四日木切、五日加持、六日作、七日開眼、円空沙門」と制作過程をほこらしげにかいた。

大津三井寺は寺門派天台修験の本山であるから、寺門派末派(まっぱ)修験である伊吹山太平寺に所属する円空が、しばしば足をはこぶのは当然である。私もこの経蔵には戦前からしばしば入って、慶長七年（一六〇二）毛利輝元(もうりてるもと)寄進の八角輪蔵の龕(がん)には、傅大士(ふだいし)像をまつってあるときいてあやしまなかった。し

円空　十一面観音背銘
（滋賀県伊吹町　太平寺観音堂）

かしこれも円空ブームの結果、最近円空仏であることがわかった。七体だけで、一体不明とのことであるが、一体だけみれば善女竜王であるが、八体そろえば八大竜王であろう。建築用材の残材か修理廃材をつかったらしく、様式は円空中期の特色をもつから、延宝七年、授戒のときの作とすれば、ちょうど合うであろう。

大峯山（おおみねさん）も天台修験と真言修験の共同の修行場で、笙の窟（しょうのいわや）、鷲の窟（わしのいわや）などとともに円空歌集にしばしばよまれている。円空は何度かここに登ったとおもわれるが、いま山上の本堂に阿弥陀如来座像があり、前鬼（ぜんき）の森本坊には白衣（びゃくえ）観音らしい円空仏が一昨年発見された。また、

延宝三乙卯十一月　於大峯　円空造之

の背銘ある役行者像が、大和郡山（こおりやま）の松尾寺におろされている。歌集に、

昨日今日　小篠山（の）ニ　降雪（る）ハ
年の終の　神の形かも

とあり、この年は九月のお戸閉後の十一月から、冬の越年修行を山上ヶ嶽より奥の小篠宿でしたのである。この間九十日は雪中に孤立して木食を原則とするもっともきびしい決死の行である。私は北海道の円空を三十歳前後とみるので、延宝三年は四十歳前後でなければならない。もし土屋常義氏のいうように七十五歳入定とすれば、この年は五十五歳となり大峯越年修行は無理である。そして翌年は、

大峯や天川(あまのかわら)に　年をへて
又くる春に　花を見らん(る)

とあるように、大峯の麓天川弁天社に滞在し、大黒天像をのこした。

志摩へは伊勢神宮参拝をすませて、その奥の院と信じられた、雨宝童子を本尊とする朝熊山金剛証寺に参詣して志摩の青峯山へ出たのであろう。このコースは最近伊勢志摩ドライヴウェーが天下一品の景観をほこっているようだが、私が昭和三十三年に越えたときは、朝熊山の賽の河原から山伏峠にかけて蝮のうようよする道で、死ぬ思いをしたことがある。山伏峠からくだったところに五知の村があって、薬師堂に円空仏の薬師三尊があることはそのときしらなかった。この薬師三尊も円空中期の作で、正覚寺十二神将の先駆をなすも

のだから、阿児町立神と片田の大般若経奥書にある、延宝二年という年の作とかんがえてよいであろう。

大王崎の壮大な景観で有名な波切にちかい立神の薬師堂には、延宝二年修補の大般若経と立木観音がある。山伏修験と立木像の伝統についてかたる遑がないが、磨崖仏や石仏とおなじく自然石、自然木そのものを神とする原始的アニミズムを修験道が保存したとかんがえてよい。『峯相記』などでは、化人毗首が「立ナガラ生木六臂ノ如意輪ヲ造リ奉ル」という仏像が書写山にあったことをつたえている。木喰行道が多数の立木像をつくったことは『微笑佛』の「東国廻国」（本書243〜262ページ参照）で説いたから、参看されれば幸である。円空も飛騨千光寺の仁王を立木にきざんだといい、『近代畸人伝』はそのありさまを挿絵にしている。いまこの仁王は山門の中に板でとじこめて見えないようにしてあるが、すきまからのぞいたところでは、胸から下は自然木のままである。美濃・関市戸田の阿弥陀寺の舟形光背をもった聖観音も光背といわれるのは欅の丸太なのであり、立木像を根元で切りはなしたものとみられる。なおいえば円空仏には根は切ってあっても、丸太そのものを、立木とおなじ意識で彫りこんだものが多いのである。志摩の大般若経の奥書とその紙背の円空絵画については説明を省略する。また伊勢の菰野明福寺の弥陀薬師両面仏にもふれることができないのは残念である。

第五章

1　美濃の奥山

私の叙述は道草が多くて、円空本来の面目をつたえる美濃と飛騨についてかたるスペースがなくなった。しかし奥美濃をかたらないわけにはゆかない。

高賀神社と蓮華峯寺は美濃市から長良川の支流、板取川をさかのぼった奥洞戸にある。これは一二二四メートルの高賀山峯児権現信仰を中心として、瓢ヶ嶽（福部嶽）山麓の粥川星宮神社、新宮の那比神社、滝権現の滝ノ宮などが一大霊場圏を形成し、高賀神社をまもる山伏が統括した。したがって高賀の村はもと山伏村だったのであるが、いまはすべて帰農している。宮司武藤家には円空筆という『粥川寺由緒記』があり、藤原高光公の悪鬼退治の物語と、高賀神社の成立をといている。私はここまで入ってきて、この草深い奥美濃山村に藤原から鎌倉にかけての文化財の多いのにおどろいた。これにはわが国の庶民信仰のかくされた歴史があることをおもわないわけにはゆかない。

円空の初期作品の多い美並村は、この高賀山峯児大権現の東麓信仰圏にあたるし、高賀神社には中期作品が多く、高賀神社蔵の懸仏の裏銘と、円空歌集に元禄五年（一六九二）中歳が出るから、円空の生涯は高賀山をめぐって展開したといえる。現在高賀神社にある円空彫刻の代表的作品は狛犬であるが、巻毛を装飾的な雲形唐草文であらわし、優美ななかにも力強い表現となっている。もう一対の狛犬は未完成であるが、だれかが円空をまねて作りかけたものであろう。またここには奇妙な形の歓喜天があり、二頭の雌雄象の抱擁する台座に「釜且」、「入定也」の刻銘がある。まことに意味深長な文字であるが、荒子観音寺でも歓喜天をつくっている。歓喜天は聖天ともいい、左道密教に属する印度の性神である。それは仏教の法悦を性の歓喜にたとえたものといわれるが、円空歌集に、

尊形うつす花賀とそ念ふ　歓喜の
　　法の泉も　涌て出らん

とあるのも歓喜天を詠んだもので、「尊形」にわざわざ「かり」と仮名をつけ、歓喜の法の泉を涌出さすなど、円空もあんがい隅へおけない一面を歌にあらわしている。円空仏と尼寺の関係もたしかに多いようで、きびしい苦行性、隠遁性の反面に、聖の世俗性が顔をのぞかせる。勅願所、朱印寺の住持でなければ、梵妻を大黒さんとまつりあげておくこと

もできたし、院家、門跡が内妻に門前の茶店をもたせていた実例もある。小念仏のくどき、「広大寺和尚」も、関東地方では郷土芸能として無形文化財となり、各地の民謡「古大尽」などにまでうたわれて、粉屋の娘との浮名をいまに流している。いわんや聖であれば尼寺へ通う特権をもっていても、不思議はなかったのである。円空の歓喜天はもう一体、飛騨上宝村一重ヶ根の禅通寺にあるが、もと十石岳頂上にまつられていたもので、像容は象頭人身の抱擁でなく、鼻の大きな僧形座像で坊主頭のくびれるほどの鉢巻をしている。これが「尊形」の意味かどうかしらぬが、およそそのような歓喜天は儀軌も作例もない、円空の独創であることだけはたしかである。

円空　歓喜天
（愛知県名古屋市　荒子観音寺）

高賀神社には土屋常義氏や、長谷川公茂氏らによって発見、整理された円空自筆歌集がある。平安末期から鎌倉初期の大般若経の修理裏貼につかわれていた紙に、一五〇〇余首の歌稿が書かれていた。いまその内容や価値をかたる遑はないが、円空の境涯のみならず、近世の聖一般の思想信仰をあきらかにする貴重な資料となろう。また円空自筆の神名札が多数あるが、祭などに氏子中へ頒けたものだろう。「当処大菩薩」、「当処大明神」、「八百万大明神」の三種である。

懸仏の墨書は表に、

卯月十一日　八大竜現降雨　大般若読誦時

とあり、裏に、

七歳使者現玉

元禄五年壬申卯月十一日　此霊神成竜天上一時過大雨　降大竜形三尺余在　此不可思儀（議）、

円空（花押）

大般若真読誦時也

とあって円空が例の大般若経の真読をして雨乞いをしたとき、高賀神社の峯児大権現が竜となって雨をふらしたというもので、その現証を三尺余の蛇が出てきたことに帰している。山伏らしい発想である。元禄五年といえば円空入定の三年前であるが、依頼されれば大般若経による雨乞いも引受け、その験力を自慢したことがわかる。

蓮華峯寺は神仏分離後、上外戸の集落にちかい観音堂にうつり、平安、鎌倉のすぐれた仏像とともに、数体の円空仏がある。そのなかで二メートルちかい細長い割材に、尖頭円頂の合掌立像を彫った円空仏は、命名がまちまちである。印象から仏弟子という説もあるとのことだが、円空は地蔵菩薩を団栗頭の尖頭円頂合掌像に彫る癖がある。下呂町湯之島温泉寺や地蔵堂、小川の今井氏蔵地蔵、上宝村平湯薬師堂の地蔵、おなじく一重ヶ根の地蔵、美濃市前野恵照院、武儀村多々羅観音堂の地蔵などは顕著な例である。従来通り地蔵でよかろう。蓮華峯寺の団栗のっぽ地蔵は円空中期の一文字引目引眉であるが、おなじ高賀山信仰の星宮神社神像も同様の手法である。いま岐阜市黒野の郷八千代氏蔵に帰している峯児大権現像もまったく同じ手法だから、ここから流出したものであろう。この一文字引目引眉は円空の独創で、後期のような躍動性に欠けるけれども、簡素で愛らしく、永遠の思惟性がある。私のもっとも好きな様式の一で、飯沢匡氏蔵 聖観音座像もその一例である。

高賀神社へのぼる板取川の谷と反対に、津保川の谷をさかのぼると、上之保村鳥屋市である。この先に家があるかとおもうほど走って、放生峠のすぐ下の中切の小中学校の裏に不動堂の円空仏がある。放生峠とはよくいったもので、ここは山の鞍部に霞網をかけて鶫をとる鳥屋のあったところだから、鳥屋の市がたつほどの殺生峠だったのである。ここに円空中期の力のこもった護法神像とあでやかな尼僧像があることはよく知られている。とくに尼僧像は中年の尼僧のつつましやかな物腰に、あふれるあでやかさを表現してあますところがない。墨染の衣を身にまとい、純白の被衣（帽子）で円頂をつつんでも、しょせん女性は女性であると、円空は粋人らしくかたっている。あまり妖艶な像なので、種々の俗説を生んだが、私はカトリックの修道尼のような清純さを、永遠の女性像のなかに、円空は表現したかったのだとおもう。

鳥屋市では小中学校の先生たちが、この突然の来訪者を手厚く案内してくれた。白山神社の善女竜王や迦楼羅、稲荷像ばかりでなく、奥山地区にちかい諸神の弁天社までつれていってくれた。小さな独立丘陵の頂上にこわれかけた小祠があり、中に未紹介の円空仏、弁財天女像があった。背面は一面に鉈の刃跡があり、彫物細工の台でつくったことがわかった。

川合の南陽寺はいまりっぱな臨済宗妙心寺派の寺院であるが、円空来訪のころは尼寺だったという。現住職は本山勤務で留守とのことで、お嬢さんが出してくれた円空仏は、臼座と高い角座の上にのった観音座像であった。これとおなじような関市池尻円福寺の聖観音や、岐阜市中屋の薬師寺（浄土宗尼寺）の薬師座像など瀟洒で細長い小品は、円空がよく在家にあたえたらしいが、円空独特の手法の一で、観音や薬師のやさしさ、繊細さをあらわそうとしたようである。ダイナミックではあるが粗雑な鑿跡の作品より、私は好感がもてる。

宮ヶ野の富士浅間神社の円空仏は、独立丘陵の船山山頂の小祠と、中宮の小祠に八体あったが、いま中腹の拝殿にあつめられて、コンクリート収蔵庫のなかに捕われの身である。中期の線刻衣文と一文字引目引眉がうつくしい。私は山頂の小祠にあったときの円空仏を頭にえがきたかったので、すぐ登ろうとおもったが、秋の日はくれるに早く、思いとどまらねばならなかった。あざやかなハンドルさばきの運転で、ここまで送ってくれた南陽寺のお嬢さんは、この円空仏群像を見て、わが故里の良さがわかって、もうやたらに名古屋へ出たがらないだろうという感想だった。

郡上郡美並村は、長良川中流に点々と散在する小集落から成っており、中心は白山地区である。その林広院にも女性的表現の卓越した善女竜王がある。カメラの後藤さん推奨の名品だが、いささかぼてが入って善女どころか悪女だろうとおもった。ミンクの毛皮のコートのような、しまりのない擬似翻波式の衣文、銀狐の襟巻のように首から頭にまきついた醜悪な竜、大分入っているらしいハンドバッグを、しっかり胸に抱いて、しゃなり、しゃなりとこれからショッピングにお出ましの躰である。中期の様式だから、円空中年の雑念のかたまりのような善女竜王である。

杉原の熊野神社はすごく幽邃で、円空仏がしずまるにふさわしい。熊野の神が立てた杖という千年の大杉、熊野比丘尼がもってきた石が生長したという弥勒石、いかにも歴史の古い社である。ここに、

白山詑告言　千多羅滝
是有廟　即世尊
延宝七年巳未六月十五日　円空敬白

と背銘ある十一面観音があり、一文字引目の中期様式の標式をしめしている。社の下のお堂の不動明王にも、おなじ銘があり、この堂にはよく行者や雲水がきては、しばらく住んだものだという。下田の愛宕社の不動も延宝七年銘であるが、その対岸の福野の白山神社御神体、阿弥陀如来の寛文四年銘は拝観をことわられた。根村の神明神社、天照皇太神と阿賀田大権現は棟札で私は寛文三年作とみている。勝原の子安神社の八体の円空仏も寛文三、四年作。とくに薬師如来座像は、もっとも初期の関市神野西谷の白山神社阿弥陀如来座像とほとんどおなじ形式である。子安神は赤子を抱いているので、気のはやいものはマリヤ像などとさわぐかもしれない。水神の背銘は蛇文字でおもしろいが、修験者はひどく

蛇を気にするものである。

2　飛騨の宿儺

千光寺は円空仏のメッカである。私は二月のひどい雪の日にカメラの後藤さんと登ったが、一メートル余りの吹溜りに転落しながら、死物狂いで登った。期待した御嶽や乗鞍の展望も吹雪にさえぎられて見ることができなかった。

ここの名物は宿儺堂の両面宿儺である。『日本書紀』仁徳天皇六十五年の条に「壱体にして両の面有り。面各相背けり。頂合いて項無し。各手足有り」とある、伝説上の怪物の像である。この両面宿儺は皇命にしたがわず、人民を掠めたので、難波根子武振熊に誅される。しかし千光寺では功徳天として信仰の対象である。

おもうに宿儺は古くは「足尼」などとかかれる「宿禰」で、地方族長の尊称であろう。飛騨には大和政権に抵抗するほど、気概のある族長がいたのである。大和からは悪者でも怪物でも、地元では宗家とあおがれたのだろう。その宗家の始祖霊はその地方の霊山に鎮まるとされる。千光寺はそうした霊山に始祖霊たる山神、すなわち宿儺をまつる社から発生したのである。よそでは延暦寺の日吉社、金剛峯寺の天野社のように、山神を伽藍神、地主神という。これにあたるものが千光寺の宿儺堂である。そして山神は多く童子形や動

円空　両面宿儺（岐阜県高山市〈旧丹生川村〉　千光寺）

物形の御眷属をしたがえている。
祖霊や山神はたいてい七十五の眷属をもつといわれ、供物や箸を七十五あげる。千光寺でそういったのか、円空のおもいちがいか、円空の両面宿儺の背銘は、例の大日三種真言のほかに、

功徳天　十五童子

とある。七十五童子のあやまりか、弁財天の眷属十五童子とおもいちがいしたのかはわからない。しかし土屋氏のようにこれを「功徳　六十五童子」とはよめない。いわんやこれを円空六十五歳の作などと、飛躍するわけにはゆかないのである。

千光寺の弁財天女厨子に貞享二年（一六八五）五月吉祥日の寄進文があるので、両面宿儺もそのころの作とおもわれ、後期に属する段状衣文を力づよく駆使している。

飛騨は高山市内はもちろん、丹生川村、神岡町、上宝村にも莫大な数の円空仏があり、まだまだしられないものがあるということだが、紙幅もないので千光寺と国府町鶴巣の清峯寺で代表させることとする。

飛騨古川から雪道を歩いて、清峯寺へ行った日は晴天で、朝だったから樹々の霧氷がパラパラと落ちてきれいだった。突然だったが早速、寺世話人が雪をふみかためながら寺ま

で案内してくれた。尼寺らしくひっそりとして、清潔な環境である。

開基は泰澄大師で背後の安峯山（安房山）に白山妙理大権現を勧請したというから、修験として発祥している。古川郷の領主、姉小路氏の保護をうけてきたが、応仁から明応（一四六七―一五〇一）にかけてしばしば兵火にやかれ、草庵同様の小寺となった。ながく無住であったが、安政年間（一八五四―六〇）から現在地に移建して曹洞宗の尼寺となる。そののちまた無住になったのでちかごろ浄土宗出身の若い佐々木真道尼が入寺して、寺役をつとめているという。したがって円空来寺のころは無住の廃寺だったかとおもわれるが、国府町半田の渡辺家記録では元禄五年から八年までにきたとある。しかし清峯寺の円空仏三体は、様式的に貞享、元禄以前の作品である。三体のうち代表的なものは千手十一面観音で、円空の立像としては比較的プロポーションと安定がよい。これは腰まで盛りあがった岩座と、円頂僧形合掌像があるからである。この僧形は円空の自刻像と私はかんがえている。円空が山中の岩陰で行をしているところに、白山の本地仏である十一面観音と千手観音が一体となって出現した、という幻想を彫刻し、慈母のごとき観音の慈悲にいだかれた自分のよろこびを表現したのである。木喰行道の子安観音も抱かれた子供はいつも行道自身くさい。この台座の僧形は地蔵とするいわれがないかぎりは、右のように自刻像と推定してあやまりはないであろう。

清峯寺の善女竜王は、竜の頭が高くのびあがって、仏身の二分の一を占める。円空の善女竜王の最高傑作である関市広見松見寺の善女竜王にくらべれば、作行も年代も大きなへだたりがある。清峯寺にはもう一体忿怒相の合掌菩薩像があるが、これは変形馬頭観音とすべきものである。三体ともに鰭状突起衣文と鱗状衣文と、V字形またはY字形線刻衣文をもち、自刻像の若さからみても、延宝か天和年代の作ということができよう。

3　入定塚の藤――結び――

円空の出生を美濃竹ヶ鼻とすることは、反証がないかぎり信じてよいであろう。そうとすれば現羽島市（旧中島村）中区の観音堂を一応生誕地としておこう。ここにはなかなかおもしろい作品があり、宇賀神をいただく弁財天も重厚でよいが、鬼子母神が作意も作行もすぐれている。聖徳太子像も作例がすくないし、二歳の南無太子としてはひねているが、間然するところのないできである。ただし本尊の十一面観音立像は例の通りでしまりがない。

美濃・関市は円空研究には大そうおもしろい。それは神野に現存する円空最初の作があるとともに、終焉の地、池尻の弥勒寺があるからである。円空が智証大師像をもっともはやくからつくったのは、伊吹山修験の所属する天台宗寺門派修験が智証大師を開祖とするからである。これにたいして慈恵大師像をつくるのは、天台宗だからというよりも、元三大師としての庶民信仰に力点がおかれているのであろう。叡山(えいざん)三千の僧徒を一時に破門したというほどの、はげしい気魄(きはく)のあふれた彫刻で、まさしく降魔(ごうま)の相である。

円空が修験であるかぎり、降魔的尊像をこのんでつくるのは当然であるが、それはただ恐ろしいだけでは芸術ではない。作意が作者の精神にまで昇華して、内面的発酵ののちに素材の上に表出されなければならない。そのような十分成熟した忿怒尊として、私は美濃市佐ヶ坂六角堂(さがさかろつかくどう)の護法神をあげたい。この像は首だけの彫刻で、身体は四ッ割材の素材そのものである。しかしそのプロフィールは、忿怒を内につつんだ慈悲相としてかぎりなく美しい。六角堂のある佐ヶ坂は「嶮坂(さがさか)」であったとみえて、長良川がこの岩陵にさえぎられてループのように、彎曲(わんきょく)する最狭部を飛騨街道が一気に越える頂上にある。旅人はこの六道能化(ろくどうのうけ)の地蔵尊をまつる六角堂の縁で汗をふいたであろう。円空の護法神は地蔵尊のみならず、ここをこえる旅人の安全をもまもっているかのようである。

円空の入定は一般に六十八歳といわれ、飛騨千光寺の両面宿儺背銘を六十五童子と誤読した土屋氏は、貞享二年を六十五歳とかぞえて七十五歳入定説である。私は北海道の円空仏の若さを三十歳前後とみ、延宝三年の大峯(おおみね)厳冬の雪中越年修行を四十歳前後とするから、元禄八年の入定は六十歳前後でなければならない。しかしこれもしょせんは臆測(おくそく)の域を出ないのである。聖(ひじり)には本来生年生家も、没年も墓所もいらないものである。あまり穿鑿(せんさく)してほしくない、というのが円空の本心であろう。

いま関市池尻の弥勒寺にある円空墓碑は、円空没後にたてたものでなく、おそらく荒子観音寺が、円空百五十回忌に建碑したものであろう。一方弥勒寺から下りて来た長良川の橋畔の路傍に、入定塚がある。最近篤志家が馬鹿でかい醜悪な碑をたてたので、中で円空が生きているとすれば、重たがっているだろう。碑よりもまわりをきれいにして、塚へ汚水がながれこまないようにするのが、ほんとうの崇敬者である。

入定塚というのは死者を礫石(れきせき)で埋める石子詰(いしこづめ)葬法をとった墓で、かならずしも生きながら穴に入って埋められたものではない。しかしそれは臨終になにか誓願をたてて、後の世の人の病をいやす功徳をのこすものである。円空がいかなる誓願をたてて死んだかは知る由もないが、しばらくは「はやり神」のように参詣(さんけい)者が多かったであろう。しかしそれがいつしか忘れられると、ただ聖地信仰の禁忌のみをのこして塚はくずれ去ったのである。

この塚もいまは石子詰にした石もほとんど散乱して、たぶの木と樫(かし)と椎(しい)と杉が生え、これに巨大な藤がからんでいる。この根元から白蛇が出て、長良川をわたって行けば洪水がくるのだそうである。藤の枝を一寸でも折れば、そのたたりはかぎりないという。まるで民俗信仰の土壌から生えた藤のようである。円空は生きては民俗信仰の実践者であり、伝(でん)播(ぱ)者であったが、死んでも民俗信仰のなかに生きつづける。円空は死んでも生きていると信じられる「入定」をみごとにしとげたのだ。

一人の英雄は死ぬけれども、民衆は死なない。入れかわり立ちかわり、無限に生きつづける。抜いても抜いても生える雑草のように。入定による無限の生命というのは、そのような民衆の生命そのものではないだろうか。この藤が生きるかぎり、わが誓願は生きているといいのこして、入定をこころざした円空の本懐は、円空仏を彫りつけた材木や木端(こっぱ)が、収蔵庫のなかのエアーコンディショナーで物質的に永久に保存されることではない。形あるものは滅する。不滅とは形でなくて精神の不滅であり、民衆とともに生きる誓願の不滅である。円空は民衆の永遠の幸福をねがって作仏し、民衆の永遠の生命を誓願として入定したのである。

微笑佛

木喰の境涯

序章

1 あたらしい波

木喰行道の芸術が柳宗悦によって発見されてから四十余年たった昨今、また木喰芸術の再認識がさけばれだしている。各地で木喰展がひらかれて好評を博し、美術雑誌から週刊誌までがあらそって木喰仏の写真で紙面をかざり、これを現代芸術論で解説する。まことに壮観というほかはない。

童顔の満面に笑みをたたえ、三日月型にほそめられた眼と眉の下に丸々と頬肉をもりあげた地蔵菩薩。コケティッシュな微笑を、ゆたかな黒髪と髻につつんだ天女のような薬師如来。笑いたいのを我慢しながら、大きな目をむいて、孫の悪戯をしかっている羅漢さん。鑿で荒けずりされた骨と筋に闘志をみなぎらせて、着物を剝ぎとった亡者をあざわらう葬頭河婆。厳粛な礼拝の対象としかおもわれない仏像の型をやぶった、まったく人を喰った木喰仏である。しかも信仰も教理もお説教は一切御免といった、あかるく単純な微笑仏である。農民や馬方や、村娘やおかみさんが仮装したような庶民の仏さまである。それは拝まれる仏像でなくて、したしまれる仏像であり、頭や肩をたたいて声をかけたくなる仏像なのである。

なんでも型やぶりの好きな現代美術がこれを見のがすはずはない。権威にはつよく、庶民にはよわいといわんばかりに、ポロシャツなど着た美術評論家がよろこぶのも無理はない。すなわちいまや木喰はおもいもかけず、「あたらしい波」にのったのである。

大正末年の木喰ブームは柳宗悦の民芸運動から出発した。柳宗悦は学習院から東大にいたる貴族秀才コースのなかで、武者小路、志賀、里見、有島等とともに、草創期白樺派の高踏的な文芸運動にくわわりながら、一方では名もなき庶民の手になる民芸品や雑器の美をたかく評価した。彼はこれをブレークの神秘主義思想や、美の直観的認識論でもっともらしく説明するのだが、とくに庶民がすきだというわけではなく、ありようは、明治末期・大正期の文化人に一貫したディレッタンティズム精神の反骨的なあらわれにすぎなかった。私は柳宗悦の宗教論や人生論、芸術論にながれるディレッタンティズムにはいささかうんざりするが、彼の民芸品の発見と蒐集は、日本の文化史にのこる偉大な業績として敬意を表する。日本民芸館はその偉大なモニュメントであるとともに、彼の属した階級の高踏性もよくのこしている。

柳宗悦の木喰研究とはそのようなディレッタンティズムの所産であるだけに、いつも理窟と理論がさきに立つのである。宗教とは、美とは、かくかくのものであるという理論を自分一人でつくりあげておいて、これに民芸も親鸞も一遍も木喰もあてはめてゆくやり方である。だからその所論はきわめて主観的（彼はこの主観の正しさをほこったのだが）で客観性にとぼしく、歴史事実などはまったく無視されてしまう。その点から今後の木喰研究は柳宗悦をこえて、歴史的研究をくわえた、客観性をもったものにならなければなるまい。

　ところで昨今の木喰ブームも、どうやらあたらしい美学のネオディレッタンティズムの波のようにおもえる。柳宗悦のころとは段ちがいに強力なマスメディアにのって、美術評論家なるもののまきおこす波がひろがってゆく。人々はその波にのりおくれまいとし、得体の知れない「美」に心ならずも嘆声を発したりする。そのような場合は対象を美しいと感ずるよりも、美しいと感じさせられているようだ。それも柳宗悦のように神によって感じさせられるという自覚ではなくて、美術評論家によって感じさせられているのである。

　シュールレアリズムやキュービズム、あるいはフォーヴィズムや原始美術の主張は現代ではたしかに必然性をもった波である。しかしわれわれの美の感覚はイズムに奉仕したり義理立てしたりするためのものではない。しかも美の感覚は個人の主観ではなくて、古今東西とまでいわなくとも、民族に一貫した客観性がある。これがその民族の古典というものだ。仏像でも天平や藤原や鎌倉の、それぞれの時代性をもちながら、これを一貫した古典的美というものが確立されている。現代美術のイズムはこの古典の定型化をうちやぶって、あたらしい生命をあたえる作用をもつ。すなわちあたらしい波は古典にたいするアンチテーゼとして、古典を発展させるはたらきなのである。それは一時は古典への反逆であるが、やがてあたらしい古典がうみだされて、民族文化の一貫性のなかにくみこまれる。これが文化発展の弁証法であるが、あたらしい古典が成立したときは、もうつぎのあたらしい波がその古典への反逆をくわだてているであろう。

したがってアンチ古典の現代美術は、それが美しいということよりは、まず「古典への反抗」ということが条件である。それは反対のための反対であっても、文化発展の弁証法に寄与することができる。それは「得体の知れない」ものであればあるほどよいのである。そしてまた極端にいえば美しくある必要もない。未開人や原始人の稚拙な技巧によってつくられた土偶や木彫り、あるいは洞穴の陰刻画や古墳の壁画などが見直され、再評価されるというのも、それ自体が美しいというのではなくて、その野性と生命力が古典への反逆に役立つからにほかならない。紙の上を荒れ狂い、のたうちまわって悶絶したような前衛書道の「文字」。田舎の爺さんが鼻の脂でみがいて床置にしていた根っ子や、バーの女のマニキュアよろしく毒々しいエナメルなど塗った前衛花道の「花」。みな古典的美からほどとおいものであっても、それが古典への反逆という意味で存在価値がある。それらは私にとって若い学生のジグザグデモや渦巻デモとおなじ感懐をおこさせるが、その歴史的作用はまったく相ひとしい。木喰仏はいまやこの渦巻のなかでもまれながら、あたらしい美とは何であるかを叫んでいるようである。

2 無心の美

現在の木喰ブームをささえている美学が前衛的であるのにたいして、柳宗悦の時代は死滅したような近代仏教に反省をもとめる信仰性を、木喰仏の美の基調としていた。この二つの波のあいだには、わずか四十年のへだたりしかないのに、あらためておどろかされる。漂泊の六部(ろくぶ)に宿をかしてくれた寺へのお礼心に、あるいは雨にふりこめられた長逗留(ながとうりゅう)の退屈まぎらしに、くらい燈芯(とうしん)のひかりで彫った自分の木仏が、二つの波の胴上げにあっているのに木喰は苦笑していることであろう。

柳宗悦は最高の美は人間がつくりだすものではなくて、神がつくらせるものであり、物質的利益や名声を超越した「無心」のみが、神の最高美を実現できるものだという。これは芸術家の制作態度においても、庶民の民芸品や雑器の制作においてもおなじことで、無心・無我・三昧(さんまい)の純粋経験のなかで制作することは、神のはたらきの実現にほかならない。神(仏)は無心・無我・三昧の境にある工人の手をかりて美を創造するので、民芸雑器を制作する無名の工人の轆轤(ろくろ)は「南無阿弥陀仏(なむあみだぶつ)」「南無阿弥陀仏」とまわるのだとものべている。

したがって木喰行道は無家無仏無庵の一行者で、無欲無心になりえたから、その作品が最高の美を発揮できたとする。その仏像制作はなにものも求めぬ純粋な信仰からでたので、古今独歩のあたらしい様式を開きえたという。すなわち柳宗悦は宗教と芸術を一体とする、中世的神秘主義に立った美学の理念に木喰をはめこんで、一人角力のように木喰仏を絶讃するのである。

柳宗悦の時代はまた木喰仏の大発見時代である。柳宗悦は大正十二年に甲府で最初の一体を発見し、それから全国的調査で三百数十体を発見する。しかし彼は一体を発見するごとに、その美に酔ったというよりも、発見のよろこびに酔ったのである。正直にいって古典的美学の立場から、これはたしかに仏像彫刻として傑作だとおもわれる木喰仏も少数は存在する。しかし全部が全部、柳宗悦のいったように、「幕末時代最高の傑作」などといえるものではないだろう。柳宗悦はむしろ木喰仏をかりて自分の美的直観力の優越をほこり、自分の美学をかたりたかったのである。貴族的優越感と、ディレッタンティズムと、発見のよろこびとがごっちゃになって、べたほめの木喰礼讃がとびだしたものと、私は解釈している。

そのころの仏教史の知識では無理からぬことであるが、柳宗悦は木喰行道を徳行においても、学識においても、すぐれた高僧とおもいこみ、その生涯の行動は、すべて慈悲忍辱の仏教精神からでたものとかんがえた。誤字宛字だらけの文字も梵字も、ものにこだわらぬ悟の境涯と解した。これは柳宗悦のいだいていた高僧の既成概念のなかに、木喰行道をはめこんでしまっているのである。またふかい信仰なしにはこのように簡素で、自由な作品はつくれる筈がないとし、「古典からの離脱は、古典への尊重を経て生れたものである」とまで強調する。しかしまことに皮肉ではあるが、信仰とは関係なしに、技巧が稚拙であれば簡素たらざるをえないし、古典に無智であれば、はじめから古典を離脱して自由でありうるのである。

柳宗悦の木喰観の大きな欠陥は歴史的考察がまったく欠如していたことである。これはディレッタンティズムの主観主義によるのであって、仏像や壺をとりあげて、ためつすがめつ「こりゃあいい！　こりゃあいい！」を連発するあの姿勢である。彼の時代の彼の階級にぞくする人たちは、その美の客観性を歴史的に追求するなどという冷酷な、こちたきわざは美神への冒瀆であり、自分たちの美的直観力への不信行為であった。

一人の芸術家や一人の宗教家も、成長発展の時間的過程を無視して、その芸術や宗教を理解することはできない。かれらはうまれたときから完成された芸術家、完全無欠な聖者であったのではない。かれらの不完全な時代からの成長の過程を、あとづけることによってこそ、その芸術と宗教の本質が、客観的に理解される。しかし柳宗悦は木喰を偶像として、その成長と発展をみとめない。これは彼の時代の時代思潮でもあるが、作品の年代的排列をこころみなかったことと、北海道の初期の不完全な作品を見なかったことにもよるであろう。また廻国遊行者、すなわち聖というものの生態についても、日本仏教史のうえでまだ注意がむけられない時代であった。行基・空也・一遍、あるいは西行などの遊行も、社会経済史的考察がなされていなかった。無理もないといえば無理もないのである。

しかし私たちは柳宗悦が問わなかった問を、あらためて問わなければならない。木喰行道はなんの必要あって微笑仏をこつこつと刻んだのであろうか。初期の微笑仏はなぜこわい顔ばかりして笑わないのであろうか。いやそれよりも微笑仏はなぜ微笑せねばならないのであろうか。彼はまた日本の仏像彫刻でわすれられてしまった完全な一木彫成を、なぜこころみたのであろうか。彼の彫刻の師は一体だれであったのだろうか。彼はなぜたくさ

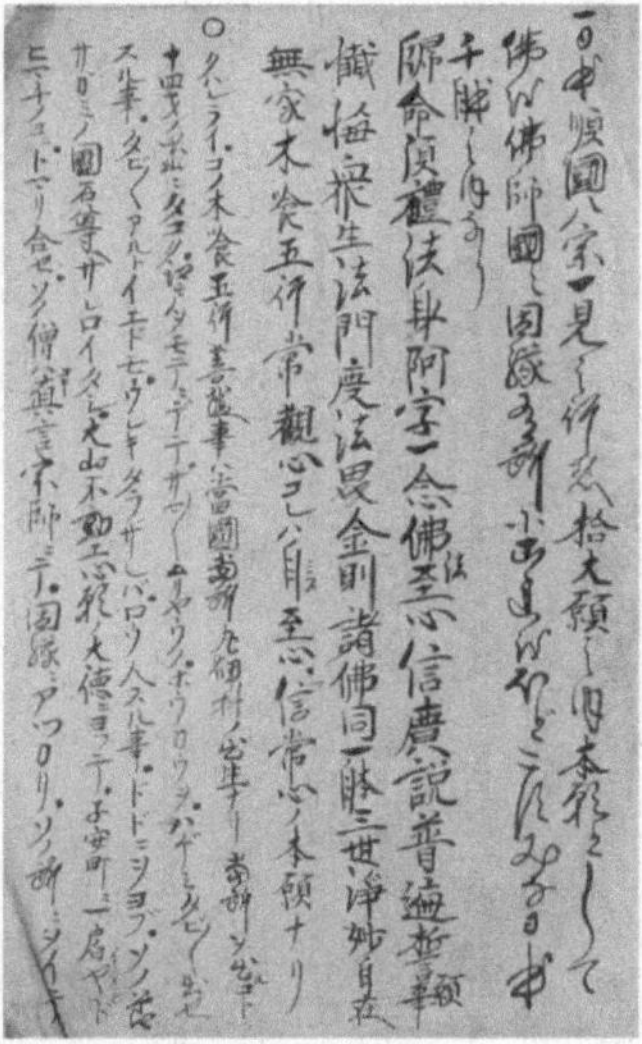

木喰行道「四国堂心願鏡」本文一部
（山梨県身延町　木喰の里微笑館寄託）

んの立木に仏像を彫りつけたのであろうか。またたくさんの自刻像をなぜ彫ったのであろうか。

木喰の芸術と境涯について問わなければならない謎はあまりにも多い。日本美術史も日本仏教史もこの謎をすべて解くことのできる段階に現在はない。だいいち木喰に関する文献資料はごくかぎられており、簡単な自叙伝として「四国堂心願鏡（しんがんかがみ）」があるほかは、廻国のあいだ泊った宿を記録した宿帳二種、参詣（さんけい）した寺社の納経帳四種、および歌集四種があるだけである。この宿帳と納経帳も安永二年（一七七三）から寛政十二年（一八〇〇）までの二十七年にすぎず、生まれてから五十六歳までと、八十四歳以後九十三歳の死没まではほとんど不明である。晩年の方は制作した仏像の墨書銘や墨跡で多少わかる点もあるが、一番かんじんな二十二歳出家から五十六歳廻国開始まではまったくわからない。しかもこれらの文献は木喰行道の足跡だけで、具体的な生活をしるしていない。千体をこえるかとおもわれる多数の作品についても宿帳は一、二箇所に記載があるだけで、その動機も施主もほとんど不明なのである。

このような文献の欠如は庶民の歴史、あるいは庶民的宗教家である聖の歴史にはめずらしいことではない。木喰行道などはむしろ資料が多い部類にぞくする。しかし庶民は強烈な個性をもつものでなく、類型的な生活、あるいは伝統的な生活をいとなむものであるから、その最大公約数でとらえることができる。木喰行道も文献のない部分は、当時の聖一般の最大公約数で類推して大きなあやまりはない。すなわち記録する必要もないほど日常的な聖の生活については、民俗学的資料の取扱いで処理できる。そしてこれを木喰の自筆文献や作品や作銘でうらづけてゆけば、ある程度は木喰仏の疑問にこたえることができるであろうし、具体的な木喰の境涯にちかずくことができるであろう。その結果、木喰仏を無条件で賞讃する柳宗悦の呪縛からときはなたれて、微笑仏の真価が再認識されることになる。いやそれよりも私は微笑仏をこつこつきざみあげた、無名の一遊行僧の愛すべき人間像をあきらかにしてみたいのである。

3　微笑仏

昨今の木喰ブームはもちろん、円空ブームによってまきおこされたものである。しかし木喰仏を円空と比較すると、どう見ても泥くさく野暮ったいのである。やたらにぶくぶくと着ぶくれて、鈍重で、衣文や輪郭の線の渋滞もおおいがたい。プロポーションの破格は仏菩薩の非人間性を表現するのに効果的なのであるが、あまり手が大きすぎたり、小さすぎたりして滑稽になる。木取法の基本も知らなかったらしく、左右相称がくずれて顔面神経痛のようにゆがんだ面相が多い。台座も光背も馬鹿の一つおぼえのように、おなじものをつくりつづける。単純ではあっても快刀乱麻のするどさがない。

これにたいして円空仏には奇抜な着想と、計画された効果があり、スマートで流暢である。はじめから線と面とマチエールの効果を計算して、直線や平面で立体を構成する。近世の仏像彫刻でありながら、古典の美にせまる作品があり、名人である。その生活もなかなかスマートで、尼僧さんとのロマンスがつたえられるなど、作品とおなじように隅におけない、気のきいた風流人であったらしい。木喰行道はのちにのべるように、はじめ北海道で円空に私淑したが、おそらく両者の性格の相違が、これだけの芸術の個性を分けたのであろう。円空の名人にたいして木喰は達人ともいえる、真面目で実直な、飽くことを知らぬ努力を私もみとめるのだが、柳宗悦の木喰仏発見の当時から、その作品への評価はまちまちであった。大正十四年八月十八日・九日の読売新聞に掲載された、増上寺貫主・道重信教の「木喰上人評」では、古今を超越した芸術品と賞讃しながらも「尚ある芸術家の群は、上人の製作品を『わからない』と評している位だから、可成り専門的には議論があることであろう」とのべている。

柳宗悦もこれは気にしていたとみえて、「伝統的見方に沈む者には、彼の作が粗悪なものとしてのみ映るであろう。さもなくば高々奇異な作だとして感じるに過ぎぬ。併しそれは見る者の心の乏しさによるのである。彼の作に乏しさがあるからではない」と弁護する。いくら芸術の鑑賞は個人の勝手だといってもこれでは困る。駄作はだれが見ても駄作であり、傑作はだれが見ても傑作でなければならぬ。「ある芸術家の群」はおそらく木喰初期の作品ばかり見たのであろうし、柳宗悦は習作時代の北海道での作品を見なかったばかりでなく、初期の栃木県栃窪や佐渡での作品まで、なんでもかでも依怙地になって強引に傑作のなかにおしこんでゆく。これではほんとうの、客観的な木喰芸術の評価にはならない。

現在でも栃窪や佐渡の泥絵具厚彩色をほどこした作品の作者としての木喰と、その他の木地のままの鉈彫り仏の作者としての木喰とは、別人ではないかという疑問すら一部にはおこなわれている。すなわちこの二群の作品は制作手法もちがうし、第一前者は微笑すらしないのに、後者は微笑どころか哄笑するのである。

しかしこの二群の作品が同一人の制作であることは墨書銘や宿帳、納経帳などの文献でうたがう余地はないし、北海道での作品がその一貫性の傍証になるであろう。そしてこの二つの様式は、その中間の様式もふくめて一人の芸術家の成長するプロセスとして見てゆく必要がある。作品は作者の成長のそれぞれの時点におかれたとき、駄作傑作の評価をこえて、絶対的な価値をもつ。十九世紀最大の歴史家レオポルド・ランケが、「どのような時代でも神に直接つながっているものだ」といったように、一芸術家の、どの年代の作品も、その成長のプロセスにおいては神に直結した絶対性をもつのである。どのような未完成作も駄作も失敗作も、それなしには完成にいたりえなかったからである。おなじように一宗教家の完成までにたどった愚行も失策も、絶対的な価値をもつ。試行錯誤の人生体験をもたない木仏金仏のような宗教家は単なる偶像にすぎないからだ。しかし完成にいたるまでのそれぞれの時点の絶対性と、駄作や愚行を混同するわけにはいかない。駄作は駄作であり愚行は愚行なのである。

しかしこれだけはたしかである。木喰行道は江戸時代の六部といわれる一遊行聖でありながら、個性ある仏像彫刻の傑作をのこし、その人間像もきわめて魅力にとんでいる。それでは木喰行道の個性と魅力とは一体どのようなものであろうか。

木喰仏は柳宗悦いらい微笑仏とよばれているが、これは彼の芸術の最大の個性である。閻魔大王や三途川の奪衣婆でも、威嚇的形相のなかに微笑をわすれない。とくに晩年の丹波蔭涼寺の薬師三尊と、摂津猪名川毘沙門堂の善名称吉祥王如来（七仏薬師の一）などは微笑仏中の傑作といえるだろう。モナリザの微笑や法隆寺夢殿観音の微笑が、伝説的な神秘的微笑であるのにくらべて、この方はまことにあかるく人間くさい微笑である。木喰行道九十歳にして女性に開眼したかとおもわれる、女臭紛々たる微笑なのである。

微笑仏の名称は木喰行道の作品についていわれるが、彼自身もまた晩年は微笑仏であった。すなわち晩年にたくさん制作した自刻像はまことにあかるく平安な微笑仏である。私が本書の表題にもちいた微笑仏は、彼の作品と彼自身と両方の微笑仏をふくめている。しかし彼の自刻像ははじめから微笑仏であったわけではない。六十八歳のとき佐渡梅津の九品堂で五一・五センチの小像をつくったが、これは瞑想三昧の自刻像で微笑仏ではなかっ

木喰行道　自刻像（兵庫県猪名川町　東光寺）

た。また剣先の名号にそえた自画像も書いたが、瞑想沈思の立像で、しかも有髪であるところに半僧半俗の聖を表現している。七十六歳のとき日向国分寺でつくった一八八センチの大自刻像は破損はなはだしく、銀杏の立木に彫り込んだという小自刻像も、樹皮の生長に巻きこまれて、双方ともいま見ることができない。

八十歳で長門秋芳洞前の広谷毘沙門堂できざんだ自刻像（八一・八センチ）もまだ微笑仏でない。そして八十三歳、遠州奥山の中村大道庵での小像（四六・〇センチ）や、八十四歳、故郷甲州丸畑で自刻像（七四・二センチ）をつくるころから円頂長髯の微笑仏となりはじめ、その他の作品もあかるい笑を全身にみなぎらすようになる。それから八十六歳で越後上前島金毘羅堂自刻像（七九・六センチ）をつくり、八十八歳には越後枇杷島十王堂で米寿版木に自画像をほって信者にくばった。いずれもこぼれるばかりの微笑をたたえているが、米寿版木の自画像で見ると、ここでも自刻像ほどにきれいな円顱頂ではなくて、頭の鉢のまわりにまだ禿のこりの長い疎毛がぼさついており、ほんとうの円頂黒衣の僧形でなかったことをしめしている。

そののち八十九歳から九十歳にかけて丹波と摂津で、もっとも傑作とされる微笑仏の自刻像がつくられる。すなわち丹波諸畑清源寺では十六羅漢の阿氏多尊者（七三・〇センチ）の名で、自刻像を羅漢の一人にまつりあげてしまう。また摂津猪名川東光寺十王像では特別大型の自刻像（一〇七センチ）をつくり、閻魔大王をはじめ十王・葬頭河婆・白鬼等をしたがえた地獄の総大将になって、気持よさそうに微笑するのである。そのほか丹波諸畑蔭涼寺自刻像（六〇センチ）、丹波上蒲生福満寺自刻像（五五センチ）、摂津猪名川天乳寺自刻像（八八・七センチ）、摂津猪名川毘沙門堂自刻像（九八・五センチ）等、微笑仏の傑作が残されている。

しかしこのような微笑仏ができあがるまでにはどれほどの隠忍と沈潜があったことであろう。六十二歳から六十三歳までの北海道の作品は北溟の冬のように陰鬱であり、六十三歳の下野栃窪の薬師三尊・十二神将、六十四歳から六十八歳までの佐渡の作品など、たやすく笑おうとしない。これは彫刻技術の未熟からでもあろうが、木喰行道のこの時代までの心境のあらわれと見ることができよう。彼の廻国遊行は晩年の微笑仏に達するまでの修行であり、彼はついにそれをえたのだった。

それでは一体微笑仏とは何であろうか、柳宗悦はこれを仏の慈悲の相と解する。木喰の内面にある慈悲の心がやさしい微笑仏を生むのだという。しかし先入観や既成概念なしに「無心」に彼の作品を見るとき、これらの仏たちが発散する人間くささはどうだろう。仏たちは愛と憎しみと、欲望と不満を昇華しきれずにそこに立っている。三十三観音のなかに縁談を心配している娘の顔があったり、阿弥陀如来の顔にすくない酒代に舌打をする馬子の顔があったり、子安観音の中に遅い亭主の帰りを待つ中年女の顔があったり、馬頭観音のなかに嫁いびりする老婆の顔があったりする。木喰行道の技巧がもっと冴えていたら、それをもっと露骨に出すところだったのだが、このくらいでとどまったのですくわれているのである。

しかし木喰芸術の第二の個性はこのどぎつい人間性にある。微笑すらも実は人間性の表現にほかならない。法隆寺夢殿観音や薬師三尊のような飛鳥仏にみられるアーケイック・スマイルをのぞいて、中世までの日本の仏像に笑があったであろうか。仏像に非人間的な神秘性をもとめ、民衆を平伏させる権威をもたせようとすると、天平・弘仁仏のように厳粛で荘重な、威厳のある渋面をつくらざるをえない。藤原仏の優美といったところが、たかだかそれを華奢にしたぐらいのものである。飛鳥仏のアーケイック・スマイルは作者の意図かどうかわからないが、他の部分の非人間的な表現と調和しないので、なにをかんがえているかわからぬ、うすきみわるい微笑である。

しかし木喰行道は仏に人間性をもとめ、仏は人間に似せてつくらねばならないとおもいこんでいる。神に似せて人間をつくったバイブルと逆である。そして新井白石が「神というも人ありてこそ」と表現した、人間こそ神をつくるものだという近世的ヒューマニズムの理念を、無学な木喰も無意識のうちに体得していた。すなわち木喰芸術は近世的時代精神の所産である。木喰の手をかりて微笑仏をつくったのは、柳宗悦のいう「神」ではなくて、「近世」だったのである。

ここにいたって木喰芸術の魅力の正体はほぼあきらかになった。木喰仏は礼拝するものでなくて、したしむものである。木喰仏は一段たかいところから人間に君臨するのでなくて、席をおなじくしてかたるものである。出来のわるい作品にはひどく気むずかしい仏もあるが、それは法衣と袈裟の手前、一寸とりすましたとおもえばよい。九十歳前後の晩年の作ほど、みずみずしい人間味をたたえてくるのも面白い。越後では小栗山の西国三十三観音も、上前島の秩父三十四観音も、子供の遊び相手だった。夏の日には付近の小川で水浴びの浮木がわりにつかわれ、とくに自刻像はさんざんにいたんでしまった。北海道の江差町泊の観音寺におさまっている地蔵菩薩像などは、鰊場の若者たちにかつがれたり、ひきずられたりして、しばしば掛茶屋の居酒屋にまでつれてゆかれたという。このようにして「消耗」してしまった木喰仏もすくなくなかったろうとおもう。

私は正直のところ、木喰仏の美学にはあまり興味がない。しかし彼の人間性の芸術と、一遊行者としての木喰の人間像には大いに魅力がある。これをすこしく歴史的な立場から叙述して、木喰仏の謎のいくらかを解明してみたい。

因にこれまで木喰上人とよびなされていたのを、私は木喰行道とよぶが、これは歴史的客観的な見方をするために、偶像化されやすい「上人」をさけて、したしみをこめて行道とよぶのである。行道は彼の戒名すなわち得度名である。得度から正式な僧侶の学道階梯をへて、大法師・律師・僧都・入寺・阿闍梨等の僧階・学階をえたのではないから、行道は沙弥名といってもよい。

彼はこれを二十二歳の出家得度でえてから、七十六歳で「木喰五行菩薩(ごぎょう)」と改めたというが、これは自称であり雅号のようなものである。したがってこれを正式な人名とするのはおかしい。八十九歳以後の明満仙人(みょうまん)というのもおなじことで、出家した一人格としては死ぬまで、あるいは死んでからも行道という戒名でよぶのが正しいのである。したがって甲州丸畑にある「円寂　木喰五行明満聖人(しょうにん)　品位」と書いた紙位牌は正しくないし、もちろん後からつくられたものであろう。

木喰は普通名詞としては「木食」と書くべきものである。五穀断(だち)、十穀断の行をした人はすべて木食上人とよばれる。しかし行道のばあいは、みずからこのんでこの文字をもちいたし、この方が個性がはっきりするので木喰行道をもちいることとした。

第一章

1 甲斐の山里

木喰行道とその芸術を知ろうとする者は、だれでも一度は彼の生まれた甲斐の山里をおとずれるだろう。それは彼が行雲流水の旅のあいだ、寤寐にもわすれえなかった故里であり、九十歳をすぎてもなお「父母菩提ノタメ」としるして仏像を彫った父祖の地であった。また、この山里は孤独な永い旅に疲れたとき、ゆくりなくも足をむけてかえって行く安息所でもあったから、これは彼の旅と信仰と芸術をささえる精神的基地とでもいうことができよう。

木喰芸術の発見者である柳宗悦も大正十三年六月にこの地をおとずれてはじめて木喰行道の自筆自叙伝「四国堂心願鏡」に接し、私が上人を見出したのでなく、私が上人に見出されたのだという、この人らしい感懐をのべている。そしてこの山里の埃にうずもれていた自筆の宿帳や歌集や、納経帳にみちびかれて、彼の全国にわたる旅の足跡と、知られざる作品の数々をあきらかにすることができた。だからこの甲斐の山里は木喰行道の生誕の地であるとともに、木喰研究の誕生地でもあったわけである。

この土地に入るには柳宗悦がはじめておとずれたころほどの困難はないが、まず甲斐国西八代郡丸畑村というだけでは、地図の上に見出すだけでも容易ではない。戦後の町村合併で下部町古関丸畑とよぶのが正式の呼名なので、身延にちかい下部温泉に見当をつけて行っても、それは少々見当はずれとなる。これは戦後の無理な地方行政整理のなせるわざであるとともに、谷の尾根で四分五裂した日本の山村行政のむずかしさでもあろう。当世ではどうやらドライブ・マップの方が通りがいいからそれにしたがうと、富士五湖めぐりバス路線の甲斐常葉—本栖湖線の古関、また丸畑口、あるいは木喰橋から一キロ余の急坂をのぼるのである。柳宗悦のように長塩からのぼる道、久那土の道村からのぼる道などもあるが、いずれも急坂をのぼると、丸畑の名のごとく、伏せた鍋の底のように丸味をおびた丘陵がよくたがやされ、人家は急傾斜にしがみつくように三々五々かたまっている。木喰行道がこの故郷を、

皆人の心ごころを　まるばたけ
かどかどあれば　ころげざりけり

とよんだように、よくころげもせずに人々は生活している。地図の上では富士山はすぐそこなのだが、法山、栃代山、竜ケ嶽、雨ケ嶽などの千四、五百メートルの山々にさえぎられて裏富士も見えない。四囲をとりまくのはただ重畳たる山又山ばかりである。木喰行道の芸術にただよう牛のように神経の太い、飽くことを知らぬ鈍重さは、この急坂と山褶を見てはじめて理解されるだろう。

私がここをおとずれた九月はじめは、暑い日射しの陽炎のなかで、段々畑の甘藷の葉も萎えたように白く垂れていたが青い空に赤蜻蛉が飛び交い、足許の捩花や撫子の群落のなかから飛蝗がはねだすといった具合に、都会ではすでにうしなわれた風物に堪能することができた。桑畑の急斜面にそって目をおとすと富士川の支流をなす常葉川の源流、古関川が白く光って大きく蛇行しながら、富士北麓の余り水をはこんでいる。この斜面を長年のあいだよくころげ落ちもせずのこった山蔭の古墳のまわりには穂薄がしげり、そのなかで螽斯が無常の牧歌をかなでていた。

しかしそのような自然の美しさに反比例して土地は痩せ、作物は貧しく、粟・稗・玉蜀黍と甘藷・落花生などが栽培される典型的な山村で、十四歳になった木喰行道が故郷をすてて出奔した理由もうなずける。このことは彼の自叙伝「四国堂心願鏡」に、

クハンライ、コノ木喰五行菩薩事ハ、当国当所丸畑ノ村ノ出生ナリ。当所ヲ出ルコト

十四歳ノ歳ニ、タコク、江戸ヲモテニデテ、サマ〳〵ムリヤウ(無量)ノ、ホウカウ(奉公)ヲハゲミ、タビ〳〵出セ(世)スル事、タビ〳〵アルトイエドモ、ウンキタ(運来)ラザレバ、ロウ(浪)人スル事、ドド(度々)ニヲヨブ

とたどたどしくのべているだけだが、貧困と天災にうちひしがれた江戸中期の山村の苦悩をおもわずにはいられない。そのうえ天領としての代官の誅求(ちゅうきゅう)は、どんな奥山家にも情容赦なくおとずれる。多感な少年木喰行道はいつかは役人になって代官の手先共を見返してやる日を夢みたにちがいない。

笠をきて　したのなげきをみる人は
　又くる春は　人のつかさぞ
笠きても　したのなげきをしらざれば
　又くるはるは　いぬか馬うし

そして江戸に大火のあった享保(きょうほう)十六年(一七三一)のころ故郷をすてるのだが、すぐ江戸に出たかどうかはあきらかでない。丸畑の村では、このときは田植の牛の鼻取りに行くといって、中巨摩(こま)の方へ出たとつたえているから、日傭(ひやとい)出稼に出たらしい。寺請(てらうけ)証文も持

たぬ臨時傭(りんじやとい)であれば、故郷にもどらぬかぎり無籍者である。封建制度下では無籍者の行く道は無頼の徒の集団に身を投ずるか、江戸の雑鬧(ざっとう)にまぎれこんで町人奉公でもするほかはない。「タコク、江戸ヲモテニデテ、サマ〱ムリヤウノ、ホウカウヲハゲミ」と述懐したのはこのような青年時代であったと推理される。

ところが素樸(そぼく)ないまの丸畑では、彼が二十歳頃に、市川(いちかわ)代官所の検分役として丸畑の村人の舁(か)く駕籠(かご)にのって故郷に錦(にしき)をかざったとつたえており、柳宗悦もそのとおりに記録している。この口碑は、彼とは知らずに駕籠をになう村人のなかに、年老いた父がいるのを見ておどろき、その老人をやすませた上、暮夜ひそかに生家をおとずれて出奔の罪を詫(わ)び、大金をあたえた、という芝居がかった美談になる。しかしこの話は明治時代の大学出の官員様ならいざ知らず、封建的身分制度のもとで、二十歳そこそこの百姓の倅(せがれ)が、駕籠で村を巡検するお武家様になるなどとはおもわれず、いささかつくり話のうたがいがある。

予言者は故郷にいれられない。いわんや、廻国(かいこく)修行者、すなわち六部(ろくぶ)となって村を出た者に郷党の風あたりはつめたかったであろう。「かどかどあればころげざりけり」のかどは木喰行道にたいする郷党のつめたい仕打をさしている。

ふるさとへまわる六部は気の弱り

の川柳のように、日本六十六ヵ国の一の宮へ、大乗妙典を一部ずつ奉納して、六十六部にいたるのを目的とする廻国だとはいっても、近世の六部は木喰行道の歌にしばしば詠まれたように軽蔑と迫害をうける。これは六部にはなんらかの前歴のあるものが多く、その罪ほろぼしのために廻国するからでもある。そのせいか寛政十二年（一八〇〇）に彼が四国堂八十八体の仏像をつくろうとするとき、加勢の村人がだんだん脱落して、しまいには十三人になってしまって、失意のうちに村を去ったという事情も、故郷のつめたさをあらわしたものである。しかし柳宗悦の木喰仏の発見いらい、その名声の上昇につれて木喰伝説も成長し、いまや偶像にまでまつりあげられているのである。

ともあれ丸畑の下をはしる道路に橋ができると木喰橋や聖橋と名づけられ、私がこの村をおとずれたときは見学の団体が車でのりつけていた。もう第二期の木喰ブームのあたらしい波が、この山里までおしよせて来ている。私もそのこと自体はたいそう結構だとおもう。いままで無視されていた一遊行者の芸術が発見され、正しく評価され、あたらしい文化の発展に寄与するという意味ではよろこばしい。しかしこれを大芸術家・大宗教家として偶像化することは、芸術と宗教のただしい認識をそこなうおそれがある。そのような待遇をうけることは木喰行道の本意ではないし、彼自身、芸術を制作しようなどと気負って彫ったものではない。柳宗悦はそうした「無心」で制作されたものこそ最高の芸術品だというのだが、芸術品の評価はその制作態度だけできまるものではあるまい。

木喰行道偶像化の結果は、この平和な山里に系図しらべや本家争いまでおこし、私のおとずれた寺では秘仏あるいは重要文化財として拝観をこばまれたところも二三にとどまらなかった。自分の作品を子供のあそび相手、消耗品とかんがえた木喰行道の本意でないことはもちろんだが、木喰仏はその歴史的意義からいえば、重要民俗資料としての価値があり、重要文化財の価値あるものはそんなに多くない。重要民俗資料は名もない庶民や聖のうんだ芸術として、いまの歴史学がもとめている庶民生活史の大切な資料であるから、稀少性（きしょうせい）を生命とする重要文化財より、歴史的にはたかい価値がある。その数も多いのであるから秘宝秘仏視するのはまちがいである。

また木喰行道を偶像的な大宗教家とすることも反省を要する。彼の芸術が晩年にいたって冴（さ）えをみせたように、明満（みょうまん）仙人を称して地獄の閻魔（えんま）大王と十王を家来にした晩年の心境は、たしかに宗教の真髄に達したようである。生涯遊行と、ある程度の木食戒をたもちつづけた意志と、求道心も尊敬にあたいする。しかし彼のまわりに信仰集団が成立しなかったことは、丹波（たんば）清源寺（せいげんじ）の十六羅漢の一人にみずからを擬したように、小乗的な一羅漢にとどまったことをしめすであろう。すぐれた宗教家ならば、かならずそのまわりに社会的影響をあたえ、これを祖述する集団ができるはずである。

また偶像視された宗教家はうまれおちたときから聖者であり、救世主であるが、これは運算なしで答をだした数学のカンニングみたいなもので、中世には通用しても近代ではとおらない。すぐれた宗教家は真摯な修行や、異常な宗教的経験、またはゆたかな人生体験にみがかれてできあがるのだから、その少年時代や青年時代をあまり美化すると、中年以後の修行のねうちがなくなってしまう。木喰行道も、このうつくしい甲斐の山里が模範青年にそだてたとしたら、おそらく木喰作の微笑仏はうまれなかったであろう。彼はその歌集のなかでも、

法身(発心)は　なまごく(生極)道のしるべしや
　心の外に　しる人もなし

と真の極道者でなければ発心の味はわからないと味なことをいっている。なかなか苦労人だったとおもう。

私はのちの長い遊行と苦行にみがかれて明満仙人となった、その原石のごときありのままの素材を甲斐の山里で見たかったのであった。しかし私は、この山坂を登り降りしながら、痩せた山畑をたがやす労働できたえられた、たくましい筋骨と、強靭な意志をもった、牛のように鈍重な一少年像を見たにすぎなかった。「四国堂心願鏡」はこの鈍重な少年が、運機（幸運と才機）たらずして、やがてたびたび奉公の主家を追われたことをしるしている。しかしその人並すぐれた筋骨はのちに仏像彫刻に生かされて、巨材をやすやすと一人

で操作し、強靭な意志は四十年の孤独な遊行と粗食を可能にするのである。また純樸な山家そだちの人の好さは、やがてうたがうことを知らぬ微笑仏の誕生へとみちびかれていったものとおもわれる。

ともかくも青年木喰行道はたびたび奉公してはたびたび失業し、失業中の神詣でに当時流行だった相模大山石尊参りをする。

ソノ節サガミノ国石尊ヘサンロ（参籠）イタシ、大山不動エ心願ノ大徳ニヨッテ、子安町ニ一宿イタシヤドヒマチ（宿日待）ノヨニ、トマリ合セ、ソノ僧ハコキ（古義）真言宗師ニテ、因縁ニアツカリ、ソノ所ニヲイテ師弟子ノ、ケイヤクヲイタシ、廿二歳トナリ（下略）

と「四国堂心願鏡」にあるように、彼はここで二十二歳で出家することになる。

ところで、相模大山石尊権現は木喰の生涯の謎をとく鍵の一つである。彼はこの門前町である子安（いま子易と書く）の宿で出家したばかりでなく、安永二年（一七七三）二月十八日、五十六歳から三十七年にわたるながい日本廻国に旅立ったのも、これととなりあわせになる伊勢原の田中村片町からであり、納経の第一番もこの大山不動であった。また安永九年に下野栃窪で彫った薬師、十二神将には「相州伊勢原町、日本廻国行者行道、同弟子白道」と署名する。これはけっして偶然の一致でなく、私はここが彼の前半生の本拠だったと推定する。この点に注意しなかったのは柳宗悦の木喰研究の大きな手ぬかりで、彼の遊行と彫刻は大山修験をのぞいてはかんがえられない。木食ということも修験道の十界修行のうち、餓鬼道におちないための穀断行であるが、彼の彫刻は修験のおこなう磨崖仏や石仏の彫刻がもとである。元来、大山石尊権現は神仏分離以前は不動明王石像といわれ、または大槻の自然木に彫刻された明王権現ともいわれる。木喰仏が一木彫成であることと、立木観音、立木薬師などの立木像の多いこととおもいあわすべきである。また石尊詣りの大山土産は木地挽物が江戸時代から有名で、木彫の伝統もある。

木喰行道は「四国堂心願鏡」で、

ソノミチ（仏道）ニ入テ修行ノノチ、所々ノ寺々ヲ住ショク（職）ヘンレキ（遍歴）シテ、ソノノチ日本廻国修行セント大願ヲヲコシテ、法身（発心）スル事四十五歳ノ年ナリ。

と大山山麓での出家以来の動静をかたるのであるが、私はこれも大山修験の不動護摩配札で、おもに関東八州から甲州方面を遍歴したものとおもう。関東一円は大山修験三十六坊および脇坊二十四坊の檀那場で、彼の廻国のパトロンが、のちにものべるように、地元の田中村片町・白根のほか、水戸・江戸・上州草津・銚子・甲府などであるのはそのためであろう。住職といっても、無住の寺庵を宿として配札や祈禱をおこなったにすぎない。そして彼は近まわりの檀那場廻りの廻国になれると、やがて日本六十余州の廻国をこころざすようになる。

中世における廻国はヨーロッパでも、聖地巡礼や修道僧に手あついホスピタリティがあったように、日本でも遊行の聖は阿弥陀如来の使者、あるいは弘法大師の化身として、宿と食事の供養にこと欠かなかった。それでも廻国の便宜をえるためには、和歌や連歌に通じていたり、説経・祭文の語りや八撥（羯鼓）筑子（小切子）の芸能などに習熟している方が都合よかった。

ところが近世封建制度が確立されると、廻国者は支配者から隠密などの危険分子視されたばかりでなく、庶民の眼も急につめたくなってしまう。木喰も、

一宿を願ふてみても　庄屋さま
はつとはつと（法度＝八斗）で　一石六斗

としゃれのめさずには居られぬつめたさである。そこでやむなく所のお寺へ宿を乞うと、

一宿ヲね（が）ふてみれば　ハットタ（ダ）ト
住寺（持）の心　やみぢなりけり

行暮て　はっと（法度）もしらず　こひければ
おしやうの心　やみぢなりけり
いましめの　はつと〳〵は　いらぬもの
じやく（寺役）は　所のふきつ（不吉）なりけり

と、廻国者に宿かすべからずの法度でことわるか、葬式でいそがしいからなどと門前ばらいをくうのである。

　そこで芸は身を助くる特技がものをいうことになる。この特技のない廻国聖は「かんじん」（勧進）「ほいと」（祝人）とよばれる乞食（こじき）か「護摩の灰」に転落するほかはない。乞食で廻国する六部は江戸時代にはきわめて多かったが、木喰行道はいささかプライドと特技があったから、宿を貸した寺や在家にせっせと彫った仏像をのこした。それも腕があがるにつれて彫ることがおもしろくなり、廻国の方便の彫刻か、彫刻の方便の廻国か、自分でもわからなくなってしまったのだろうとおもう。

　大山石尊権現は延喜式に阿夫利（あふり）神社としるされ、神仏習合時代には伝良弁（ろうべん）僧正開基の大山寺を別当として、関東三不動の一である不動明王の信仰におきかえられた。しかしもともと一二四六メートルの大山頂上の、石尊宮とよばれる巨石信仰が起源で、降雨にさきだってこの石に露をむすぶところから、雨乞（あまごい）の神として農民の信仰をあつめたのである。すぐちかくの鎌倉に幕府がひらかれてからは武家の保護をうけ、南北朝のころ、佐藤忠信の子孫と称する佐藤氏が別当となって、神職と修験を統率した。修験には清僧と妻帯僧とあって、妻帯僧は護摩札の配札で生活を維持し、清僧は大勧進とよばれて、本尊の燈明をつかさどった。江戸幕府は慶長十四年（一六〇九）八月二十八日の黒印御条目で、大勧進のほか十二坊の清僧修験だけの山上居住をゆるし、妻帯坊・山伏・在家は山下におろされた。すなわち不動堂より上は女人結界となったのである。御条目と同時に高野山執達本寺である遍照光院頼慶の名で出されたこの結界は厳重をきわめたもので、物売女や山下の女人はもちろん、親類老母といえども、坊中を経廻すれば、坊主は追却される法度であった。

このことを裏返せば、不動堂（現在の大山山　明王寺本堂）より下の山下は妻帯山伏であったことになり、のちに山伏、御師から神職となった現在の阿夫利神社先導師たちは、もともと妻帯僧だったのである。また一山の葬祭追福をつかさどる来迎院も山下にあって妻帯だったが、現在は明王寺に合併された。したがって一の鳥居の外になる子易に居住したり、伊勢原の田中村片町あたりに居住する修験は妻帯していてもなんら不思議はないはずである。私は別に木喰行道の前半生の妻帯を立証するつもりはないが、二十二歳の出家から四十五歳の日本廻国を発心するまでの、まったく不明な二十三年間は、妻帯していても不自然ではなかったとだけのべておきたい。そしてこのころ清僧であれば、高野山にのぼって学道階梯をへて、大山山上坊に威張っていられたことはたしかである。

清僧は禁欲とひきかえに御朱印米で生活を保証され、金襴の袈裟や朱塗の輿で庶民に君臨し、支配者の丸抱えとなって武運長久・天下泰平を祈願する。退屈のあまり訳のわからぬ煩瑣哲学を、末書とやらよぶ経典の註釈に披瀝し、ときにはこそこそと悪いこともする。これがいわゆる高僧である。これにたいして聖はみずからの宗教活動や労働で生活するかわりに、堂々と妻帯し、魚鳥をくらい、生活のためには軽蔑されながらも、お札や音物をもって庶民のところへ押しかけてゆく。そして庶民の悩みをきき、なぐさめ、祈り、死ねば葬式をしてありがたくお布施をもらう。気楽に遊行廻国して名所の月にうそぶき、名湯にひたりたければ、偽の勧進帳、お札版木に紙と矢立、それに笈でもあれば結構たのしい無銭旅行ができる。このような聖を『日本霊異記』は「隠身の菩薩」とよぶのであるから、木喰行道が寛政五年、七十六歳以後みずから「五行菩薩」とよぶ理由は十分にあるのである。

なお、大山石尊権現には真言の信仰はもちろんであるが、慶長の坊舎書上に阿弥陀堂があるから念仏信仰もあったものとおもわれる。慶長のころ、この山を支配した高野山遍照光院主頼慶法印は、高野聖の本寺、明遍僧都の蓮花三昧院を兼帯した人で、木喰行道の真言念仏の信仰の源泉もここにあったものであろう。また高野聖には萱堂聖のように禅の信仰のながれもあるので、彼の真言・念仏・禅の三教混合は、大山寺を媒介とする高野聖の末流とかんがえてよいのである。

甲州丸畑の伊藤家には木喰行道が笈のなかに入れてもちあるいた五輪塔型納札版木がある。版木の裏に、

寛政六寅四月八日ニ成就
奉納大乗妙経　作　天一自在法門（花押）
日本順国　木喰　五行菩薩　年七十七歳

とあるので、これが日本廻国のあいだ、六十六ヵ国の一の宮・国分寺はもちろん、所の霊仏霊社におさめた納札の版木であることがわかる。この版木を彫ったのは、表の五輪塔基礎反花蓮弁（そりばなれんべん）に「六十六歳」とあるので、天明三年（一七八三）佐渡（さど）におったころのものの裏に墨書し寛政六年に天一自在法門五行菩薩を彫り加えたものである。彼の大山山麓からの日本廻国出発は安永二年（癸巳（みずのとみ））二月十八日であるから、版木の「安永元巳二月十八日出」が、安永二年の誤なのはあきらかである。

ところで大乗妙経というのは大乗妙典ともいって、妙法蓮華（れんげ）経のことである。この写経を一部八巻ずつ六十六ヵ国一の宮におさめるのが、正式の日本廻国なのであるが、のちには大乗妙典または六十六ヵ国納札と書いた一枚の刷札を霊場の壁や柱に貼りつけるだけになった。ところが木喰行道は大乗妙経といいながら、法華経（ほけきょう）とはまったく関係のない真言

木喰行道　奉納大乗妙経納札
（山梨県身延町　木喰の里微笑館寄託）

を刷っておさめてあるいたのである。これなども彼が真言系の修験行者であったことをよくしめしている。この五輪塔型納札の内容を分析すると彼の信仰内容がよくわかっておもしろいが、あまり専門にわたるから省略する。

ただ五輪の風輪・空輪の中央にキャカラバアの大日如来真言をおき、その両面にオンマニパドマウンを二行においたのは如意輪観音の真言で、木喰行道は彫像が何仏でも馬鹿の一つおぼえのようにこの真言を書きつける。そしてまたその両側に、

兜率内院　オンマイトレヤアソワカ

弥勒如来　南無大師遍照金剛

とあるのは弘法大師信仰をあらわしたもので、真言宗では弘法大師の本地を弥勒菩薩とするので、兜率内院と弥勒如来をくわえたのであるが、その真言はすこし間違って書いてある。

風輪の四隅に阿弥陀仏の四文字を入れるのも木喰行道の念仏信仰として注意してよいし、空輪の周囲は不動・釈迦・文殊・普賢・地蔵・弥勒・薬師・観音・勢至・弥陀・阿閦・宝生・大日の十三仏種子（シンボル）で、円形の水輪部にまるく梵字をならべた光明真言とともに、死者の供養にもちいられるものである。

木喰行道はこの光明真言を彫像の光背や、自筆画像のいたるところに模様化してかきこむ。彼のよほどすきな真言であったらしいが、真言宗では念仏のかわりに死者の菩提のためにもちい、百万遍念仏にたいして光明真言百万遍をとなえることが多かった。不空羂索毘盧遮那大灌頂　光真言経という密教経典に出る真言で、死者の生前におかした罪障を消滅して、死後を安楽にする功徳があると信じられた。このことからこの真言は滅罪真言といわれ、生者にとっては、病気や災害の宗教的原因とかんがえられる自己の罪や穢を消滅して、現世にも後世にも幸福がえられるようにとのいのりが、この真言に托される。木喰行道の日本廻国にも、なにか罪ほろぼしをしなければならぬ事情があったのではないかとの推察もちらりと私の頭をかすめる。そのような真言なのである。

ところで丸畑の伊藤家には、木喰行道が笈に入れてあるいたもののなかに「懺悔経諸鏡（かがみ）」という一冊と、表紙がちぎれているので私がかりに「鎮宅祈禱札諸鏡」と名付けた一冊とがある。鏡というのは手控というほどの意で、彼が何かの機会に唱え言をするとき、またはお札などを書くときに、この手控を見たのである。いずれも山伏・行者のもちいる真言や唱え言・祈禱札の文言がおさめてあり、ここにも多くの誤字、訛語（かご）を指摘でき、彼とその周囲の人たちの無学をしめしている。「懺悔経諸鏡」（享和二年〔一八〇二〕二月二十一日奥書）の方は、仏者がすべて読経のときとなえる「懺悔文（さんげもん）」からはじめて、五輪塔型納札版木にある如意輪観音真言と光明真言および准胝（じゅんてい）観音真言をおさめ、これにそれぞれの真言の解説と和歌をそえてある。そのはじめに、

コノサンゲキョウハ、ヨクツネニ、トナエテ、ガウショウ（業障）ヲメッ（滅）シテ、ゴクラク（極楽）、ヲウジャウ（往生）、至心ナレバ、ウタガウ事ナカレ
サンゲセバ、心ノツミハキエウセテ、ボサツ（菩薩）モヲナジ心ナリケリ
因果弟子コノ大トク（徳）ヲモトムル三人ノモノハコノサツ（授）ケヲツネニ心ニカケテ身（信）ズレバ
スナワチボサツ（菩薩）ノクライ（位）ナリ

とある。正式な事相教相（じそうきょうそう）の学問と修行はしなくとも、山伏や行者はこのような実用向なサヅケ（伝授）を師から弟子へとして、法燈を相続する。ところでこの伝授がいつのものか

が問題である。これを書いたのは丸畑で、享和二年二月二十一日であることはあきらかであるが、このとき弟子三人をとったとはかんがえられないので、前からあった手控の「鏡」に和歌をかきそえて写したものとおもわれる。そうとすれば、はじめの伝授は大山不動子安の宿で自分が受けたときのものか、自分が大徳となって三人の弟子に授けたものかということになるが、かつて自分のうけたものを弟子に授けたとすれば結局同じものとなる。

　木喰行道の弟子は安永九年五月十八、九日に北海道から下北半島の田名部へわたるときの便船で「マツマヘヨリ同行両人」とあるのは疑問があるとして、同年九月から翌十年二月までに下野栃窪の薬師・十二神将をつくったときの白道はたしかに弟子である。同年六月から天明五年五月までとどまった佐渡にも丹海（両尾木喰）という弟子があった。また宿帳に天明元年五月、長雨にあった信州長久保で「コノトコロニ弟子ニハグルル」とある弟子は白道らしいが、天明六年五月、これも長雨らしく美濃山口村に滞在中、「弟子二人ニグル」と逃げて行った弟子もある。したがってこれらの弟子に伝授したものであろうが、これが懺悔経とよばれたことは修験道の特色である滅罪信仰をしめすものである。

　また「鎮宅祈禱札諸鏡」は木喰行道が廻国中に新築家屋などにであって、鎮宅祈禱をたのまれたとき、書いてやるお札の文字やその祈禱の仕方をしるした手控である。その内容は専門にわたるので省略するが、これに荒神や大天狗・小天狗の真言や奥山不動滝の唱言がある。

次　大天狗・小天狗御咒廿一返（中略）
次　不動タキ(滝)ノ印
奥山不動(？)タキ(滝)ノコノ水ヲ
ヨベ(呼)バ氷リヤ　シモ(霜)ノヲモカケ(面影)
ヨベバ氷リヤ　シモノ［ヲモカゲ］（以下欠）

これは修験道一般の信仰にも通ずるが、大山不動には荒神宮・大天狗・小天狗の祠(ほこら)や奥山に不動滝があったことなどとおもいあわせて、木喰行道には大山修験の色彩がつよいことを知るのである。

さて丸畑の伊藤家に所蔵される資料は、木喰行道が文化七年（一八一〇）六月五日にどこかで入寂してから、その遺品として負箱に入れて生家である伊藤家にとどけられたものという。その終焉(しゅうえん)の地はいまだ不明であるが、近ごろの研究者の一説では、甲州の東端、北津留(きたつる)郡鳥沢(とりさわ)清水入の円福寺(えんぷくじ)が弟子白道の住持した寺なので、ここが終焉の地ではないかといわれている。しかし師の遺品、とくに法具典籍は弟子がもらうものであるから、これを用のない生家へとどけるはずはない。おそらくどこかで人知れず終焉をとげるとき、遺言をしてこのなつかしい故郷丸畑へ遺品をとどけさせたのであろう。また遺品を入れた負箱は、これを背負ってあるいたように柳宗悦はかんがえているが、この小さな木箱には廻国の本尊（おそらく弘法大師像であろう）は入らないし、途中たびたび洗濯女に洗濯をたのんだらしい下着も入らない。これは別に高野聖のような笈があって、その上にのせてあるいた肩箱であろう。

木喰行道ののこした資料によって推理すると、彼は出奔以来すくなくも四回この甲斐の山里へ帰郷している。安永六年六十歳のときと、天明五年六十八歳のとき、寛政十二年八十三歳および文化三年八十九歳のときである。安永三年にも廻国して甲州に入ったが、丸畑へは立寄らなかったらしい。明和七年（一七七〇）十二月に父六兵衛の歿したときは帰郷したかもしれないが、安永四年四月の母の病歿は廻国中なので帰った形跡はない。安永六年には甲州へ入ってから廻国が四ヵ月ほど中断するので、しばらく帰郷休養したものと見るのである。

天明五年には佐渡から越後、上野、武蔵から甲斐へ入り、石和の宿から甲府へ入らず、河東中島村、切房木村から道村をへて九月十二日に丸畑へのぼった。彼の生家は「㊇」の家印をもっていたらしく、宿は「㊇ジンゴヘモン」となっている。このとき彼は九月二十六日まで半月間滞在して甲府へ出、信州諏訪から東海、北陸、近畿をへて西国方面へ去った。

そして問題は寛政十二年の帰郷である。このときはすでに廻国二十七年を閲し、四国八十八ヵ所遍路を二回すませた上、日向国分寺再興などの大業をはたし、宗教的にも芸術的にも一つの確信をえて、みずから「天一自在法門、木喰五行菩薩」を称していた。したがってこの年は遠州狩宿や奥山、森、藤枝、岡部、手越などにすぐれた作品をのこし、身延から帯金をへて十月十五日に丸畑へ入り、生家に宿った。この日付は彼の「南無阿弥陀仏国々御宿帳」によるものであるが、また彼自筆の「四国堂心願鏡」では、

申歳九月晦日ニコノ所ニキタリテ、当村寺ノ本尊、五智如来ヲ、テウコク(彫刻)師奉(シタテマツリ)
クハンジャウ(勧請)スルモノナリ

と九月晦日に入村したようになっている。これは日付に几帳面な彼のことであるから、帯金浄仙院で薬師如来彫刻中に一寸、丸畑入りをしたことを指すのかもしれないが、このあたり身延金竜寺日蓮上人像の台座銘「寛政十二庚申歳正月十二日成就」とともになにか日付の混乱がみとめられる。

ともあれ彼はこのとき故郷の無住の庵寺永寿庵に五智如来をのこすのであるが、あまりよい作とはいえない。そして彼はすぐに「ホツネン」(発念)して翌寛政十三年正月の末に廻国の旅に出ようとする。なつかしい故郷だが三ヵ月もおるともう旅の空がなつかしい

のである。人は年をとるほど、故郷での少年の日の想出がなつかしく、おのずから足をはやめてかえった故郷である。

兎追いし　　かの山
小鮒釣りし　　かの川
夢は今も　　めぐりて
忘れがたき　　ふるさと

しかし八十三歳、八十四歳ともなれば旧知はほとんど死に絶えて、もはや昔がたりするよすがもない。彼はわかい村人に白眼視されながらおろおろとあるくのみである。かどかどしい村人の仕打に会っては「かどかどあればころげざりけり」とつぶやいても見る。

いくとせ　故郷　　来て見れば
咲く花　鳴く鳥　　そよぐ風
門辺の小川の　　ささやきも
なれにし昔に　　かわらねど
荒れたる　　わが家や

住む人
たえてなし

彼は白髪になった浦島太郎のように、あまり永く生きすぎた自分をかなしみくやんだかもしれない。五智如来はその失意の中の作のように陰鬱で、重くるしく、感情がざらついて、刀の跡も冴えない。

しかしここで彼の勇気をふるいたたせる事態がおこってくる。それは孤独な旅へ出ようとしているところへ、丸畑の村人と近村三沢・道・蕨平・南沢・横手等の人々がぞろぞろ出てきて、四国堂をつくるようねがい出たことである。彼は「タイモウノネガイノギ、ヲホツカナクハ、ソウラエドモ、アマリシユシヤウノギニメンジテ」というが、故郷に納れられたうれしさに、よろこびいさんで、これを引受けた。そしてゆくりなくもここに傑作をのこすことになる。しかしこの四国堂建立の衆議も、はじめは鳥目、材木、縄、麦稈などを持ち寄って来た村人が、八十八体仏が半分ほど出来たころから分裂して、脱落者が多くなった。その理由はよくわからないが、廻国者への中傷もあり、彼の作品の奇抜さを村人が理解できなかったこともあるであろう。経済的な点からいえば、木喰行道の兄弟（長兄と弟）の松山を一山伐って寄進されたので、大した困難はなかったはずである。そしてとうとう丸畑村十三人と隣の南沢村五人とをのこすのみになった。最後にはその南沢村もはなれた。こうしてのこった丸畑村十三人講中だけで八十八体仏と弘法大師像・大黒天像・自刻像を完成したのである。

八十八体の四国八十八ヵ所霊場本尊のうち四国堂をかざったのは八十体とほか三体で、あと八体は南沢村五人の合力に感謝して内仏として引き渡された。これは結果的にはさいわいなことで、大正八年に四国堂八十三体の木喰仏が売りに出されて四散した現在、丸畑で見ることのできる四国堂木喰仏は、この南沢分八体のうちの四体だけだからである。四体のうちでとくに七十番本山寺本尊の馬頭観音像は傑作の一つで、意地悪婆さんのような忿怒の形相はすこぶる明快で、素樸で、力感に満ちている。頭上にのせた馬の鬣と馬頭観音の逆立った焰髪を一緒にし、鬣を観音の被り物にまで垂下させた襞の平行線模様がうつ

木喰行道　馬頭観音
（山梨県身延町　木喰の里微笑館寄託）

くしい。背銘はいささか誤った梵字で「懺悔経諸鏡」の如意輪観音真言を書き、寛政十三歳十一月十六日の年記がある。薬師如来像も温雅重厚で、樫材らしい赤味のある御衣木に鑿跡がとくにきれいである。永寿庵五智如来と比較にならぬ刀の冴えが、作者の感興の盛り上りをつたえてたのしい。ご大家の主婦の座に安住した中年すぎの女性像をおもわす人間的薬師如来である。

四国堂八十八体仏のうち、とくに傑作とされる地蔵菩薩像と自刻像は、現在日本民芸館に所蔵されている。自刻像は大きな瓢簞をかかえた微笑仏で、木喰行道が酒好きだったという伝説をうらづけるものである。背銘は「五行菩薩自身之蔵(像)、日本順国八宗一見の節、寛政十三酉二月二十四日に成就す」とある。

このほか丸畑には山の神祠に山神像と、田ノ上マッコ祠に風雨にさらされた五体の木喰仏がのこされている。山神像は女神の怒りを表現した、めずらしい像である。逆立った髪の毛と「嫉妬にゆがんだ」ゆがみ面相が印象的だが、女人の参拝を嫉妬するといわれる女神をとくに意図したわけでなく、木喰仏の不整形性がここにでたものであろう。背銘に「[梵字]山神三神　正作　天一自在法門　木喰五行菩薩(花押)八十四歳　寛政十三酉歳二月廿一日成就」とある。山神三神は三体の意でなく、「山の神山神」の宛字とおもわれる。白木彫でありながら眉と台座の笹と岩をあらわす墨彩があって、木喰晩年の墨彩と部分淡彩がここで顔を出している。田ノ上マッコ祠は丸畑の村から見おろせる円い峰の頂にまつられた小祠(しょうし)で、馬の爪を切ったり血抜きをする馬伏せ場といわれるので「馬っ子」の霊をまつったものらしい。ここにかつて木喰行道が村人に内仏としてあたえたという仏像がおさめられており、弘法大師像・十一面観音像・千手観音像・子安観音像は風雪にけずられながらも判別できるが、一体は焼けて尊名不詳である。また丸畑伊藤家には四国堂建立の十三人講中が八十八体仏を奉納した円板額がある。四国堂が破壊されたとき、堂の長押(なげし)からおろして所蔵されたもので、「四国堂心願鏡」とともに彼の仏像制作の意図をしめす資料である。

奉　納

四国八十所講中蓮(連)名〆(しめて)十三人

一、丸畑村ニ八十躰、ナミサ(八)ムラニメテ三躰、〆テ八十八ケ所ナリ、日本廻国為供養ナリ、日本廻国八宗一見之行、拾大願之内、本願して仏を仏師国々因縁有所ニコレヲホドコス、皆日本千躰之内なり。

寛政十三酉歳三月六日ヨリ同十一月晦日、〆九月メニ皆成就ス

享和二戌歳二月八日開現(眼)供養納　敬白

開山　天一自在法門

木喰　五行菩薩（花押）　八十五歳

すなわち木喰行道の日本廻国には十大願があって、その一つに、自分が本願（勧進）して「仏を仏師し」それぞれの因縁あるところに奉納するという。ということは仏像がほしいとおもっているところに行きあわせれば、自分が勧進して金銭米穀をあつめ、かつ自分が仏師となって彫像するというのである。はじめは廻国の方便として彫刻していたのが、寛政五年の日向国分寺再興のころから、比較的大規模な勧進によって、五智如来、十王・十三仏とか、十六羅漢・三十三観音、八十八所霊場本尊のような群像制作をこころみ、その結果日本千躰仏を完成しようという大望をいだくことになる。この勧進と群像と五行菩薩号とは大体時期をおなじくすることは注意を要する。そしてもっとも大きな群像を彼は故郷丸畑にのこしたのであるが、柳宗悦の木喰仏発見のわずか四年前に四散してしまったことはまことに残念である。

木喰行道が第四回目に故郷丸畑をおとずれたのは文化三年八十九歳のときである。墳墓の地を故郷にもとめてもどったのかとおもうと、さにあらず、二、三ヵ月ののち信州から丹波へあらわれ、丹波・摂津の山中に最大の傑作をのこす。まことにおどろくべき健康と精力である。文化三年の帰郷のとき丸畑にのこした彼の足跡は、伊藤家蔵の自筆薬師如来画像である。これは十三人講中の十三家に一幅ずつあたえたのが、ここだけに残ったのだという。かなりの大幅で、異形の髻髪をいただいた薬師如来の頭光背には内輪に光明真言が書かれ、外輪に青海波模様がある。衣も袈裟も一面に光明真言の梵字飛白（かすり）模様で、蓮台（れんだい）座下の反花（そりばな）三弁には「儒・仏・神」の三文字と和歌一首ずつ書かれる。三教合一の思想をあらわしたものであるが、彼の和歌には心学、または道学めいた発想があって、これが三教合一なのであろう。歌集にも、

儒仏神　丸めてみればかどもなし
　はなしてみれば　他人なりけり

木喰行道　自筆薬師如来画像と心願
（山梨県身延町　木喰の里微笑館寄託）

とよんでいる。画像の下に心願文と和歌四首がしるされるが、心願文は彼がこのんで書いたもので意味不明であるから彼の創作というより、伝授された文を間違っておぼえたものであろう。

心　願

帰命頂礼法身阿字　一念仏法至信心
広説普遍誓（願）事　懺悔衆生法門度
法界金剛諸仏同一躰　三世浄妙自在
無家無我木喰五行常観心　日本順国八宗一見之節

（和歌）

天一自在法門　木喰五行菩薩
文化三寅八月四日ニコレヲカク

木喰行道はこの日付の六日後には下諏訪小湯（しもすわこゆ）の宮坂家に大日如来画像をのこしているから、間もなくこの丸畑を去ったのである。そしてふたたび故郷へかえらなかった。

2　聖と木食

木喰行道の佐渡での剣先の名号自画像と越後での米寿版木自画像が、ともに有髪長髯であることはすでにのべた。彫刻の方の自刻像が円頂長髯であるのは、彫刻が毛髪を表現しがたいためとすれば、自画像の有髪は彼の真実の姿と見るほかない。歌集にも、

法身の　心のかみは　そりもせず
けさや衣の　まえもはずかし

とよんでいる。

これは彼が正式な僧侶でなくて、半僧半俗の聖であったことをしめしている。のちに彼が丹波の清源寺にあらわれて十六羅漢を彫ったときの『十六羅漢由来記』にも「顔色憔悴して鬚髪雪の如く皤し、乱毛螺の如く垂る（中略）実に僧に似て僧に非ず。俗に似て俗に非ず」とある。また、

木食の　鼠衣は　よけれども

ねこやいたちは　かたきなりけり
木食の　鼠衣に　つゝみをく
恥と恥辱は　かたみ成りけり

と木喰行道がうたった鼠衣も正式の僧のものでなく、色衣黒衣をつけられぬ沙弥・優婆塞や遊行聖の衣であった。一遍上人や時衆が鼠衣で遊行したことは有名で、聖絵はよく遊行者のありさまをつたえている。「ひじり」は仏教以前の古代宗教者が、神聖なる火を管理し、また日の吉凶を知る「火治り」「日知り」であったことから出た名称である。したがってこれが仏教化して、経をよみ陀羅尼をとなえ、法衣をつけ、寺庵に住むようになっても、仏教の教理や戒律とはおよそ縁のない信仰と生活をつづけた。しかし庶民のもとめたのもそのような原始宗教、あるいは呪術宗教的な「ひじり」であったから、仏教の国家統制を担当する宗教行政官（僧綱）は奈良時代以来、僧にして僧にあらざる「ひじり」の横行に頭をいためることになる。宗教行政官はその数においても、庶民の把握力においてもはるかにすぐれた「ひじり」に手をやいて、破戒者、あるいは僧尼令違犯者ときめつける。行基とその徒衆などは槍玉にあげられた代表である。しかし庶民の方は官僚のいうイミテーションの方が本物だと信じて、「ひじり」の住む道場にあつまり、「ひじり」の歴門仮説を歓迎する。かれらは民衆を動員して国家官僚のできない橋をかけ、道路をつくり、船泊りや無料宿泊所（布施屋）あるいは農民のために貯水池や用水路をつくって民政安定をする。

こうなってくると広大な庄園と莫大な奴婢をもって、大伽藍に住み、国家権力を背景にして、宗教的権威を誇示する僧侶よりも、無知でうすぎたないが、民衆に立ちまじわりながらおなじレベルの生活をして、唱導や祈禱や占いや葬式をする「聖」に人気があつまるのは当然であろう。そこで諸大寺の著名な学僧でも、一月の半分を本寺にすみ、あとの半分は私寺で「聖」の生活をするものさえでてくる。また「聖」の出身で祈禱や予言の修験力をもって貴族にちかずき、正式の僧侶となるものもある。後者の代表は良弁僧正や道鏡であるが、良弁は良弁杉由来の伝説では、木喰行道出身の相模大山から鷲にさらわれて奈良にとび、東大寺建立ののち故郷にかえって大山寺を開いたことになっている。

木喰行道　米寿版木自画像

平安時代の半ばごろから仏教の国家統制がゆるむと「聖」がどんどんふえ

て、天下の人民の三分の二に達したと書いた文献がある。延喜十四年（九一四）四月廿八日に上奏された三善清行の「意見封事十二箇条」で、諸国の百姓が租調課役をのがれようとして、私に髪をおろし法衣をつけるためであるという。このような「ひじり」は「皆家に妻子をたくわえ、口に腥羶をくらい、形は沙門に似て、心は屠児のごとし」と清行はいい、これをとりしまろうとする国司には徒党をくんでデモをかけ、暴動をおこした実例まであげている。これを「禿首の者」というのは髪を剃った円頂をさすのではなくて、結髪を切りおとしただけの総髪をさすのである。禿首・禿髪を「はげ」と解するのはあやまりで、「かぶろがみ」すなわち歌舞伎の法界坊のような、ざんばら髪である。はげと長髪ではまったく反対であるが、六波羅禿などといわれるように、「かぶろ」は髪毛を「かぶる」、切り下げ髪の意である。正式の比丘、比丘尼はいまも一定の日に頭を剃るが、半僧半俗ならばその必要がないために、五分刈頭を無精したようにのびて「禿首」になる。『今昔物語』（巻十五）には「形法師也ト云ヘドモ僧ニ非ズ。頭ノ髪ハ二寸許ニ生ジテ、俗ノ水干袴ヲ着タリ。亦狩漁ヲ役トシテ魚鳥ヲ食トセリ」というような「聖」が出てくる。江戸時代の法界坊や願人坊はこのような髪が多かったが、木喰行道の自画像もまさしく禿首をしめしている。

平安時代には妻子をもち、昼間は狩漁を生業として殺生しながら、夜は潔斎などして持仏堂でおこないすます聖が多く語られている。なかには「阿弥陀の聖」と称して鹿角杖をもち、金鼓をたたいて念仏勧進しながら廻国し、いたるところで宿借をしては、物盗り強盗、殺人までした話も『今昔物語』にある。木喰行道の日本廻国も拄杖（金剛杖とおもわれる）と鉦をもち、念仏もすすめるので、形はこの阿弥陀の聖に似ているが、木食という点で本質的にことなるのである。

　このように木食行までしてまじめにおこないすます聖も平安時代には多く、庶民のための聖が貴族のために祈禱するようになり、病気になるといわゆる「山の聖」が光源氏の邸によばれたりする。こうなると聖の話につかい分けの必要ができて、妻帯肉食の聖を俗聖というよびかたもする。寛弘元年（一〇〇四）の年号をもった「三州俗聖起請十二箇条事」は俗聖の蓄髪、耕作、妻帯、肉食の正当性を主張したものである。

　中世に入ると聖はもう日蔭者でもなんでもなく堂々と教団を形成する。しかし聖のなかに分化がおこり、一派は村落に定着して自宅を念仏道場とする聖になり、一派は山林修行や廻国もおこなって、密教的な呪術祈禱をおこなう聖になる。奈良時代にも沙弥・禅師・優婆塞・聖などといわれたのは、いずれも山林修行による呪術的聖であった。沙弥は一人前の比丘になる前の沙弥でなく、名字沙弥ともいって半僧半俗のまま一生を沙弥でおくるのである。禅師ものちの禅宗の禅師でなく、山林修行を禅定（立山禅定・白山禅定・大峯禅定・富士禅定など）というので、その先達が禅師である。優婆塞も印度の僧伽四衆の比丘・比丘尼・優婆塞・優婆夷の優婆塞ではなく、僧にあらざる僧ということで、山林修行者を「役(えん)の優婆塞」のようによぶのである。

しかし高野聖などは山林修行と廻国と呪術と念仏をあわせながら、勧進という聖の職能をはたす。勧進というのは作善(さぜん)をすすめるということで、寺を起し、塔を建て、仏像を造り、経巻を写し、法会(ほうえ)を興すなど、仏教的善根善行に参加をすすめるのである。仏教的善根善行に参加するにはその費用を負担しなければならない。聖は有名社寺から勧進を請負って廻国募財しては、約束の堂塔や仏像経巻を寺に引きわたす。この募財の方便に念仏をすすめ、寄付受取証に念仏札をわたすのが、念仏勧進の実態とおもえばよい。

近世になると木喰行道のように、万人講をつくって信者からあつめた旅費をもって、たまには宿費をはらいながら廻国するものもあるが、中世の聖は勧進を名目にして無銭旅行をする。そのためには有名社寺の発行した勧進帳と本尊刷札と念仏札が身分証明書の代りをしたのである。しかし近世になると有名社寺の身分証明書の魔力より、鳥目の金力の方がものをいうようになる。

東西や　南に来る(北)　大旦那
　すすめだませし　罪もこれきり

木食の　すすめの種を(作)　まきおかば
　大さく人と　人はいふらん

木食の　けさや衣は　やぶれても
　まだ本願は　やぶれざりけり
木食の　唯本願を　うそにせば
　うその中より　出る本願
願主には　なにが成かと　思ひしに
　人間くずか　あはう（阿呆）成けり

このような歌を見ると木喰行道も、観音堂や金毘羅堂、四国堂などの仏像をつくりますといって勧進をしたらしい。事実三十三観音のような大群像となれば御衣木の原木から杣出し、木挽き、作事小屋など莫大な費用の勧進が要る。勧進は「すすめ」とも、また「本願」ともいう。柳宗悦やその後の研究者は先入観をもって見たので、丸畑の奉納円板額に見られる、「拾大願之内、本願して、仏を仏師、国々因縁有所ニコレヲホドコス」を正しく読まなかった。「本願して」は「勧進して」とおなじで脱字ではない。「四国堂心願鏡」には「本願として」とあるがこれも「勧進元＝願主となって」の意でおなじである。

信濃善光寺は庶民的な寺として鎌倉時代以来、二系統の大規模な勧進組織をもち、不断法花系を勧進といい、不断念仏系を本願といった。勧進の元締に大勧進、本願の元締に大本願ができたことはいうまでもない。いまも関東一円に分布する村々の念仏講の世話人を、

「ほうがんさん」というのは本願のことで、善光寺勧進組織の末端と私は推定している。長塚節(ながつかたかし)は『土』のなかで、彼岸の天道念仏(おでねんぶつ)をえがき、

> 念仏衆の内には選ばれて法願と喚ばれて居る二人ばかりの爺さんが、難かしくもない万事の世話をした。法願は凍り相な手に鉦を提げてちらほらと大きな塊のやうな姿が動いて来るまでは力の限り辻に立ってかんかんと叩くのである。

と書いた法願はもちろん「本願」なのである。

ところで木喰行道の歌の意は、大そうはばかり多いことだが、一般の願人坊主のようにやはり偽の勧進もしていることがわかる。大高僧などと先入観をもつと、偽勧進がまだばれずに、みんなだまされているよ、という木喰行道のほくそ笑みがよめないのである。これを袈裟と衣のやぶれにかけたところが御愛嬌(ごあいきょう)である。ところが偽勧進でも、村人があまり本気なのでそのうち本物になって仏像やお堂ができてしまうこともある。また東西南北の寄進者をだます罪も、これきりでよそうなどともおもう。本願の主になっている自分を反省しては、人間の屑(くず)か阿呆(あほう)だと自嘲(じちょう)もしてみる。

木喰行道の歌に自嘲が多いのは、やはり自分の生き方に満足できない時代がながかったのである。とても悟りの境涯などといえたものではない。誰にも知ってもらえない、ふか

い人間的な悩みをいだきつつ、足にまかせて、みじめで孤独な廻国をつづけ、人をいつわり、自分をいつわる時代がつづくのである。

孤独な旅は人に人間の根源的な生き方の反省を強いる。人一人会わない松林のなかを通りぬけ、雨にぬれながら穂薄の原をいそぐ。いくつも先へ先へとかさなった岬をのぞみながら、磯風にとばされそうな長い砂浜をあゆむ。そのようなとき、人は外界の景色をただ網膜で反射するだけで、見えているのは生命の虚像であり、実存の深淵(しんえん)である。

いつまでか　はてのしれざる　たびのそら
　いづくのたれと　とふ人もなし
三界を　のぞいてみれば　あめがした
　ぬれた姿は　みじめなりけり
法身(発心)の　道をと(ふ)りて　ながむれば
　なみだの中に　なむあみだ仏
迷ふたり　里も見えざる　片田舎
　ことわからじと　思ふわがぐち(愚痴)

さて木喰行道の境涯において、もっとも大きな謎は木食である。行道は「四国堂心願

鏡」で、

日本廻国修行セント大願ヲ、ヲコシテ、法身(発心)スル事四十五歳ノ年ナリ、ソノ節ヒタチノ国木喰観海上人ノ弟子トナリ、木喰カイ(戒)ヲツギ、ヲヨソ四十年ライノ、修行ナリ、ヲヨソ日本国々山々タケ〳〵島々ノ修行ヲ心ニカケテ、日本アラ〳〵成就ニイタル

とのべ、木食戒をうけたのは日本廻国をこころざした四十五歳のときであり、その師は常陸(ひたち)の観海(かんかい)上人であったという。

元来、遊行の聖はつよい苦行性をもっている。原始的宗教者の代受苦性と滅罪信仰のあらわれである。すなわち聖は地域的共同体のうくべき苦難をひとりでひきうけることによって、共同体のわざわいを救わねばならない。もっとも原始的な犠牲の精神である。そのゆえにこそ聖は共同体からやしなわれ、布施をうけることができる。空也(くうや)聖の四十八夜の寒念仏も、日蓮宗の荒行もこの原始的宗教者の代受苦である。木喰行道も各地でしばしば百日日参の行をする。身延金竜寺の日蓮上人像台座銘に、

奉読誦　妙経三十部　陀羅尼

南無日蓮大菩薩

開仏知見　享和元辛酉十二月三日より二年正月三日迄　寒中修行

などとあって、歳末年始三十日の寒行もおこなっている。しかしそれよりも重い苦行は遊行廻国である。日本全体の代受苦しようと六十六ヵ国の一の宮をまわる。しかしそれよりももっと大きな苦行は絶食と木食である。

木食はいうまでもなく五穀あるいは十穀を食べない苦行で、修験道の山伏が高山に入峰中、食糧の米を携行できぬ必要からおこった十界修行の一つだが、これをおこなえば五穀断行者、十穀断行者または穀断聖などとよばれ、大きな尊敬をうける。これは九十日つづけただけでもこの称号をうけて、坊さんの金鵄勲章みたいに一生ぶらさげてあるける。しかしほんとうは穀断行のあとで絶食することによって、入定するのが目的なのである。入定とは印度のサマーディ（samādhi）とはすこしちがって死後もなお生きつづけることである。これを私は日本民族の再生信仰であるとおもうが、いまは説かない。入定の代表は弘法大師で、六十三歳のとき穀漿を断って高野山に入定してから、いまも生きていると信じられている。しかし現実的にいえば、ミイラになって死体をのこすのが入定で、江戸末期には湯殿山千人沢の千日行者がこれをおこなってミイラをのこしたことはよく人の知るところである。日本のミイラの歴史では、中尊寺の藤原四代が自然ミイラか人工ミイラか結論はまだ出ていないが、南北朝時代には下総の弘智法印が行脚の末、越後三島郡野積村で、貞治二年（一三六三）十二月二日に入定してミイラになったことを、『北越雪譜』がスケッチまで入れてかいている。木喰行道も越後廻国のとき、これを拝したとみえて、「南無阿弥陀仏国々御宿帳」の天明五年六月の部に、

一、十三日　カウチホウイン　ノジク

としるしている。弘智法印も高野山で修行した人で、高野山には穀断行、すなわち木食の伝統があり、高野聖や高野行人のなかにこれを行うものが多い。木喰行道が木食戒をうけた常陸国観海上人の羅漢寺というのも京都御室御所御直末というから、古義真言宗であり、その木食行には高野山の伝統がかんじられる。すなわち水戸近郊の酒田村で見出された『水戸浜田郷大内山羅漢寺五百羅漢尊像』という木版画像の刊記に、

宝暦五乙亥極月十八日　五百羅漢建立拝領之地　京都御室御所御直末羅漢寺
常陸国水戸城下五百羅漢開山　木食観海印施

とあり、木食行によって城主の帰依をえて勧進し、五百体の五百羅漢を建立したので、やはり聖の系譜にぞくする人である。

このように木食行というのは原始宗教的な庶民信仰にマッチする苦行であるから、廻国遊行者がいたるところであたたかいホスピタリティをうけるにはもっとも都合がよい。木喰行道が日本廻国をこころざしたとき、これをうけたのは十分に理由のあることとおもわれる。そこで彼は遊行のさきざきで常食とする蕎麦粉(そばこ)の御報謝をうけることになるが、歌のなかにすこし気になるものもないわけではない。

かつふをじる(鰹魚汁)　あじ(味＝阿字)にあじ(味)ある　あじなれば
なんぼくふ(食)ても　ささわり(障)もなし

うますぎて　あじ(味)もわからぬ　かつふをじる(鰹魚汁)
衆生の人の　ちそふ(馳走)なりけり

なむあみに　皆すくはるる　うをさかな
なまぐさひ(い)とも　おもわざりけり

きやくそふ(客僧＝山伏)の　五ちよく(五濁＝五猪口)五きやく(五逆＝五客)の心ざし
すこしくふのが　ちそう(馳走)なりけり

とつくり(徳利)に　ちやわん(茶椀)一(ト)つもあるならば
六歩(六分)はらみつ(波羅蜜＝腹満つ)　にせ(二世＝偽)のあんらく

正月は　もち酒さかな　ととのへて

あまりくらふて　うごかれもせず

山伏修験が酒につよいのは狂言でもよく知られるところで、魔除けの般若湯大いに結構である。丸畑四国堂自刻像に大瓢箪をもたせ、丹波清源寺十六羅漢（299ページ）に酒甕を抱かせたのも御愛嬌である。しかしこと鰹魚汁となるとすこぶるおだやかでない。これは「阿字」の宗教的な味をたたえたなどと解釈してもよいのだが、なにもえらびにえらんで鰹魚汁をだすことはないだろう。五穀は断つとはいったがなまぐさを断つとはいわなかったなどといいのがれするなら、まことにっくき木喰である。やるまいぞ〱などとふざけている場合ではない。

『今昔物語』（廿八巻）にも「穀断聖人持レ米被レ咲語」という一話があって、文徳天皇の御代に永く穀を断って木の葉ばかり食べていた聖が天皇に帰依されて、神泉苑離宮にむかえ入れられた。殿上人がお聖人さまは穀物を断ってから何年になりますかとうかがうと、「年既ニ七十ニ罷成タルニ、若ヨリ穀ヲ断タレバ五十余年ニハ罷成リヌ」とのたもう。そこで好奇心のつよい殿上人が木食聖人の糞はどんなだろうと廁をのぞくと、不消化便だったとみえて米がまじっていた。とうとう聖の居る板敷の下に布袋に入れた白米がみつかったという話で、これは『文徳天皇実録』斉衡元年（八五四）七月二十二日の条にある、米糞聖人という実話である。この方では備前国の伊蒲塞（優婆塞）で、夜になると、水で数升の米を飲んでいたというから医学的にも米がまじるのは当然だろう。
いつの時代にも廻国聖には油断のできない曲者があったが、木喰行道と同時代の例では金谷上人というものがある。木食という点をのぞけば、木喰行道とかなり似た一生で、行道の彫刻にたいして金谷は絵画をかいた。和歌も木喰行道とおなじく下手で、狂歌めいたものが多い。行道は終焉の地がわからないが、金谷も伊藤圭介の『獼猴奇談』（洋々社談五十三号、明治十二年四月発行）に「金谷の行状一世を嘲弄し、僧となり、山伏に転じ、虚無僧に変じ、或は農に化し、其他種々の遊戯を為せり。俳諧を嗜み、絵事に殊に妙なり。（中略）尾（尾張）を去て其終るところを知らず」としるされている。いま彼の郷里、近江草津の下笠宗栄寺にある墓は、あとでつくられたものであろう。

また木喰行道が「四国堂心願鏡」に自叙伝を書いたように、金谷はみずから『金谷上人御半代記』または『金谷上人御一代記』という、ふざけた自画自叙伝の絵巻物（七巻本と十二巻本とあり）をのこした。この自叙伝のなかに自画像漫画を多数のせたのも、木喰行道が自刻像をたくさん彫ったことと相通ずる。森銑三は伝記文学『初雁』に、まったく世を愚弄し人を喰った人喰上人の『金谷上人御一代記』を紹介している。金谷の本名は横井金谷で、宝暦元年（一七五一）の生れであるから、木喰行道より三十三年歳下になる。九歳にして叔父の住持する大阪天満の宗金寺に入って、一応の僧侶修行はした。しかし放蕩と放浪癖で、江戸・下総・上総をうろついているうち、願人坊主となり、やがて高野聖のまねをして、手製のお札をうりあるく。甲府から沼津をへて東海道を京へのぼり、二十一歳で香衣参内の綸旨を拝領したとあるのは、このころの香衣・紫衣拝領の綸旨が、公卿や宮門跡の生活のために、いかに安売りされていたかの証拠である。ちょうどこのころ木喰行道も日本廻国に旅立つのであるから、ことによったらその後の金谷の放浪とどこかですれちがっているかもしれない。

金谷は京都北野五番町遊郭や賭博場で、飲む打つ買うの極道をした上、大阪から西国を放浪しながら、京都でならった画技で、円光大師(法然上人)御絵伝や釈迦涅槃像などを各地にのこす。そして安芸・周防から長崎へ入り、一年あまり滞在するのも、木喰行道の長崎滞在と符合しておもしろい。いまでも坊さんは案外ハイカラ好きで、新文化に敏感だが、このころ蘭学者や浪人とともに坊さんも長崎へあつまったらしい。長崎から天草、それから下関から内海を赤穂へと観光コースを放浪し、赤穂で坊さんのまま結婚して珍談をのこす。それからは女連れの遍路となって、東海道を伊勢・尾張に下り、名古屋で法然上人御絵伝を画いて四十八箇寺におさめる。名古屋では在家に住んで法衣を着し、太刀を腰に差して説教法談に出張してあるくので「尾張の帯刀上人」の異名をえた。文化元年、木喰行道が越後でさかんに大悲像をつくっているころ、偽山伏になって三宝院門跡の大峯修行に供奉するあたりが『御半代記』の圧巻なのであるが、それからは子供をつれた廻国行者になって各地を放浪し、富士登山の場で自叙伝は終る。

江戸時代の廻国行者は金谷のような罰あたりばかりではないとしても、廻国聖をやたらに高僧として買かぶるとあぶない。木食行もあまり厳密にかんがえて感心すると、木喰行道の方が恥じ入るかもしれない。したがって私もむきになってあらをひらうつもりもないが、五穀は米・麦・粟・黍・豆であるにかかわらず、「南無阿弥陀仏国々御宿帳」安永十年五月四日には、信州岩村田で餅粟の報謝をうけ、おなじ六月五日には越後大久保で粟米五合の喜捨をうけている。また天明六年十二月十七日には熊野の市野瀬で三合、おなじく十八日には田辺で「壱升志」などとかくのは、「ソバコゴホウシヤ」とことわらぬかぎり米であろう。おなじような報謝は天明七年二月九日に、泉州国分寺で「五合志」をうけている。このように柳宗悦が見おとした、木喰に都合のわるい史料もすくなくない。

　しかし彼が蕎麦好きだったことは事実で、各地で蕎麦粉の報謝をうける。

　　木喰も　そばのこども（粉共＝子供）に　だまされて
　　　まだもうきよ（浮世）に　うろたへておる

などと、寛政十一年四国遍路中、伊予中之庄光明庵立木観音奉納円板額にしるしたのも、蕎麦好きをあらわしたもの。これも柳宗悦やその他の研究者は、木食とはすべて火食をしないことだから、蕎麦粉を水で煉ってたべたのだろうという。ところが木喰行道はそこらの「二八そば」と行燈(あんどん)をかけた店へとびこんで、盛り蕎麦に辛味大根を薬味にして舌鼓をうつのだから、水で煉っただけの蕎麦掻(そばがき)が常食だったという説はあたらない。

けむどんや　二八がそばに　立よれば
　てひ(亭)主(子)のそばの　はなれにくさよ
うちむちも　なひぎ(内儀)のそばの　てもり(手盛)かな
　てひ(亭)主(子)の心　からみだひこん(大根)
けむどんやそば(蕎麦＝側)の　子(粉＝児)どもを打はたく
　なひぎ(内儀)はそばに　からみだいこん
ちやや(茶屋)にきて　道をとふても　とりやわず(取合)
　なひぎ(内儀)のつらに　二八けんどん
そばの子(粉＝児)を　うつもはたくも　いらぬもの
　かくはけんどん　てひ(亭)主(子)はからみ

「けんどんや」は江戸時代の俗語で、慳貪(けんどん)蕎麦または慳貪饂飩(うどん)ともいわれる一杯盛り切りの饂飩や蕎麦を、デパート食堂のごとく無愛想に出す飲食店である。「けんどんそば切り」のことばもあるように、蕎麦粉を煉り、ほそく切って茹(ゆ)でた蕎麦をたべさせるもので、水煉りの蕎麦掻をだすのではない。私も人後に落ちぬ蕎麦好きだが、だいたい水煉りの蕎麦掻が日常食品として消化にたえるものかどうかを知らない。そのうち一度こころみてみよう。しかしすくなくも熱湯で煉ったり茹でたりしなければ、舌鼓をうつような蕎麦独特の香味がでないことだけはたしかである。水煉り蕎麦説がどこからでたのか知らないが、これを一生つづけたという説は訂正さるべきであろう。

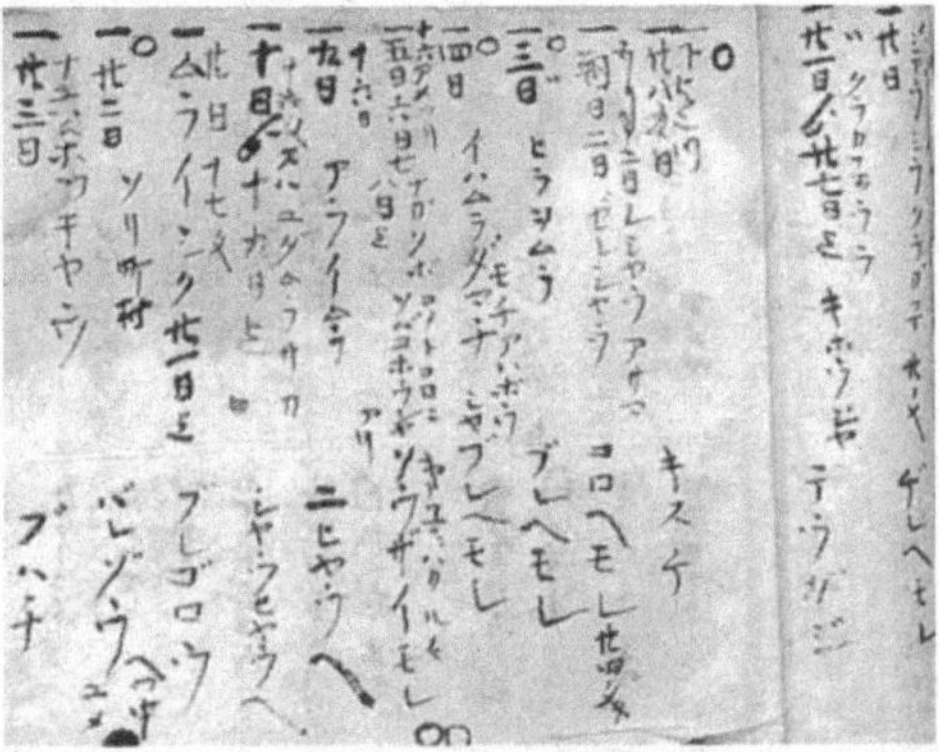

木喰行道　「南無阿弥陀仏国々御宿帳」本文一部
（山梨県身延町　木喰の里微笑館寄託）

木食戒は五穀・十穀をたべないことはたしかだが、神仙術をとりいれた修験道の入峰中の苦行で、山中にかくれて人間に接せず、木の実、草の根をとって生命をつなぐのである。これには季節には山野の漿果(ベリーズ)、冬には堅果(ナッツ)があって火食を要せぬものもある。しかし蕨餅(わらびもち)の蕨粉(わらびこ)や栃餅(とちもち)の栃粉(とちこ)など生食できぬものもあったであろう。澱粉(でんぷん)は生では消化しにくいからである。周粟(しゅうぞく)を食(は)まず、首陽山(しゅようざん)の蕨を食とした伯夷叔斉(はくいしゅくせい)なども一種の木食で、宋(そう)高僧伝の「智封伝」に

「倏辞出ニ蒲津安峰山一　禁足十年、木食澗飲」とあるのも同様であろう。

十穀断となれば蕎麦もいけないわけであるが、高野聖にはむしろ十穀断行者が多く、これを一生つづけたという記録はない。たいてい或る程度でやめて、空き寺があれば、もぐりこんで普通の生活にもどってしまう。とくに高野聖の遊行廻国が困難となった中世末期、近世初期には定着して、十穀寺の開基におさまったものが多い。最近では高野山大乗院の松橋慈照師が、突然死亡通知を知友に発送して富士山麓にかくれ、蕎麦粉だけの木食行をしたことをきいたが、晩年高野山へかえった。私は昭和九年ごろこの人に会ったことがあるのに、木食の実際をきいておかなかったのは残念である。

とにかく木食戒は神仙術（道教）と密教の混合した修験道の口伝としてつたえられたもので、人里とおくはなれた山中修行者の必要からうまれた生活法にすぎない。したがって現在でも真言密教で、山奥にこもって求聞持法という五十日間または百日間に、虚空蔵菩薩の真言を百万遍となえる苦行では、蕎麦粉食がおこなわれることがある。木喰行道もたしかに蕎麦好きではあったが、偶像視する人たちがおもっているほど厳重なものではなかったと私はかんがえている。いやそれよりも木食生食を生涯つらぬくほど心狭く、かたくなで、煮ても焼いても喰えない心からは、あの人間味のある微笑仏はうまれなかったはずである。

木喰行道の二十二歳出家から四十五歳木食受戒までの二十三年間を、あきらかにする直接の史料はないが、結婚生活をしていても不自然でないことはすでにのべた。そして初期の作品には赤児を抱いた子安観音をつくっても、女性美を反撥するような作品が多い。すなわち意地悪そうな母性像として表現される点である。これも技巧の稚拙さからくるものとおもうが、晩年の菩薩像の女性美といちじるしくことなる。なにかフロイト的精神分析をしたらおもしろいかもしれない。しかし「南無阿弥陀仏国々御宿帳」には女性関係の記事はほとんど見えず、寛政十一年（八十二歳）十月十五日と十六日に近江の水口で、

センダクゴケ　五十文　おくよ

寛政十二年九月十八日には故郷へ入ろうとする甲斐の万沢で、

チヤヤ　四十文　ゴケ　三十

がみえるだけで、よごれものの洗濯や、ほころび縫をたのんだもののようである。しかしこれはいずれも老年頽齢のときであるが、べつに「法身(発心)はなま(生)ごく(極)道のしるべしや心の外にしる人はなし」とめずらしく調子のたかい歌があるから、若いときは金谷上人のような極道の経験があるのかもしれぬ。

中世の聖には懺悔文学が多く、西行や文覚の物語はともかくとして御伽草子の『高野山三人法師物語』、説経の『かるかや』など、聖の出家や廻国が罪の懺悔であるばあいがすくなくない。近世でも湯殿千日行者で注連寺のミイラになった鉄門海上人も若いときの極道と殺人が動機であり、近ごろでは株で損した懺悔のために、四国八十八ヵ所の遍路となった禅宗の著名な管長もある。これらは出家前、懺悔前には不名誉な行為であったが、廻国に出てしまえば、その懺悔物語に聖の人間性を見いだし、浄瑠璃や説経祭文に庶民は涙するのである。

古代の聖は燃燈供養（焼身）や剥皮胸敲などの残忍な苦行から来る呪力が生命であった。しかし中世以後の聖は半僧半俗の生活にともなう人間的な悩みを昇華した人間性が生命になる。聖の進化であり、宗教の進化である。古代の呪術的宗教、中世の神秘的宗教にたいして、近世近代のヒューマニズムの宗教がある所以である。

現代の庶民はありがたい高僧伝よりも、『青の洞門』や宮沢賢治の詩に宗教を感ずる。天平仏の威厳よりも、微笑仏の人間味に魅力を感ずる。しかるに柳宗悦ほどの人が、なぜ微笑仏に人間性を直観できなかったのであろうか。微笑仏を生んだ木喰行道にどうして「人間」を見ようとしなかったのであろうか。彼の「なまごく道」の歌に「人間」を見、聖と木食の正体を見るのは微笑仏の冒瀆とでもおもったのであろうか。

第二章

1　東国廻国

「四国堂心願鏡」によると、宝暦十二年（一七六二）に木喰行道四十五歳のとき、なにを感じたか「法身」（発心）して、日本廻国修行をこころざした。このとき常陸の木食観海上人から木食戒をうけたのは、信仰上の必要とともに廻国の便宜という目的もあったらしい。信仰上の問題としては宗教的な疑問があったかもしれないが、あるいは一身上の不幸や、懺悔や、行きずまりの打開もかんがえられる。なんにしても一大決心を要することだけに、酒や鰹魚汁や「生極道」でいそいで結論をだすことはさしひかえよう。

廻国の方便としては木食上人の称号はたしかに有利である。たとえ終生のものでないにしても、廻国の発願から廻国出発までの十一年間や、廻国中にしばしば五十日参籠とか、百日参籠をおこなうあいだは厳重な木食であろう。また日本廻国のための路銀を万人講をつのってあつめる必要もあって、準備期間がながかったようである。かくて安永二年（一七七三）五十六歳で大山山麓の大住郡田中村片町を出発する。そして享和二年（一八〇二）八十五歳のときその廻国の大願は成就した。

ヲヨソ日本国々山々タケ〱嶋〱ノ修行ヲ心ニカケテ、日本アラ〱成就ニイタル

とこれを書いている。

さきにのべた五輪塔型納札版木に「安永巳二月十八日出」とあるのは、巳年は安永二年であるから、安永二年に間違いないが、二月十八日というのは二月十一日にすでに相州大山寺に参詣納経したことが納経帳であきらかなので、十八日は相州国分寺に納経した日である。おそらく二月十一日から七日間大山不動へ参籠し、一旦自坊（坊号院号なし）へかえって、二月十八日に出発したのである。

出発はこれでよいとして、彼の日本廻国の後援者をあつめた万人講が問題である。万人講はもっとも民俗的な講で、なにか宗教的な目的をできるだけ多数の人の合力で成就すれば、その人の数の倍数だけ功徳が多いとする信仰からむすばれる講である。百人ならば百倍、千人ならば千倍、万人ならば功徳は万倍になる。いまよく見られる万人講は牛馬万人講で、中国山地の山村をあるいていると、道の辻に立て札を立て、牛馬万人講と書いて竹筒を下げておくのに出会うことがある。牛馬が死ぬとマン直しといって、牛馬万人講であ

たらしい牛馬の購入資金をあつめるのである。買主はもちろん一人で買えるのだが、一円ずつでも多数の人の喜捨をえて、それを購入資金に一パーセントでもくわえると、あたらしい馬は縁起がよく、長生きするという。

このような募金方法は古代社会の連帯観念がもとだと思うが、これを造寺造塔の大規模な宗教的作善の勧進に利用したのは、古代の遊行聖たちである。これを私は多数作善功徳信仰と名ずけている。すなわち一人で何億万遍の念仏をとなえ、一人で大きな堂塔をたてる作善よりも、庶民のだれにでも実行しやすい小善、すなわち十遍か百遍の念仏や、一文二文の寄進を万人で合力する作善の方がはるかに功徳が多いと説いてまわったのである。

これは宗教のもつ共同体意識、同朋意識や兄弟意識を大衆動員の勧進に利用して、堂塔伽藍をつくるにはまことに巧妙な方法である。行基もこの方法で東大寺大仏を造立するが、それには多数の勧進聖を配下にもっていて、村々家々を説いてまわらせる。その説教は歴門仮設といわれたように、戸別訪問で、大仏造立に参加すればどんな功徳があるか、参加しなかったり、さまたげをすればどんな罰があたるか、信仰のないものの死後はどんな苦しい地獄におちなければならないか、それを脱するには、生前何をしておけばよいかなどである。すなわち勧進なり万人講なりは、その目的は造寺造仏・造塔写経あるいは法会維持などの金穀をあつめる経済的なものである。しかしその結果は庶民一人一人に信仰と、ほんとうの生き方をおしえる。歴門仮設には、死後のおそろしさをあくどく説いて恐怖させ、脅迫がましい態度さえみられる。しかし結果としては人々は作善を通して安心をえるとともに、社会連帯の同朋意識をつよめることになる。

私は人間というものは本来無宗教、無信仰な存在だとかんがえている。これは放っておいたらばである。人間は宗教の種である懐疑も不安も恐怖ももっているが、それは教えなければ、宗教以外の方法で解決してしまう。それが本当の解決方法でなくとも、物質や享楽や娯楽で一応の解決をつけられるだけの「生活の知恵」を人間はもっている。これに本当の解決、ほんとうの安心はこれだと説いてまわったのが勧進の聖である。しかしそのときは人々もなるほどとおもうがまたすぐわすれる。わすれたころにまたどこかの寺の再興で聖の歴門仮設がまわってくる。このように聖の信仰再生産で宗教は相続されて来たのである。ちかごろは仏教も学僧・高僧・教僧が多くなりすぎて、聖の信仰再生産活動が停滞したことはあらそえない。

とにかく万人講は木喰行道のような聖のもっとも得意とするところである。木食行の功徳、これをパトロンとなって後援することの功徳がとかれたであろう。笈本尊の弘法大師や大山不動の功徳と因縁話がかたられたことであろう。「万人講帳」に芳名をしるして日本六十六ヵ国の霊仏霊社に家内安全を祈願する約束をしたであろう。すすめられる人々は彼が毎年の大山不動護摩配札と易往寺地蔵札配札で顔見知りなので、すぐ信用して応分の喜捨をしたのだとおもう。

柳宗悦が万人講とよんでいるのは「万人講帳」のことである。納経帳とおなじ半紙百枚の帳面仕立で、初めの十七枚に百三十九人の名前と戒名および、その喜捨の金品がかかれている。筆者は相洲大住郡田中村片町行者取立之施主とある「むさしや清五郎」であろう。そして本尊施主、しゅ杖施主、納経帳施主、鐘（鉦）之施主、修行袋、帯、しゅもく、じゅばんなどの施主がしるされており、廻国聖の持物がわかる。しゅ杖は拄杖で金剛杖であろう。すなわち笈に本尊として弘法大師像か不動明王像を入れ、修行袋（頭陀袋）を下げ、鉦を胸に掛け、撞木と金剛杖をもった廻国の六十六部聖の姿が想像される。

「万人講帳」にしるされた喜捨の金額総計は十五両と四百二十六文で、貫にすれば六十貫四百二十六文、かりに一泊二十五文として約六年半の廻国ができる。しかし約三分の二は善根宿でとめてくれたり、野宿やお堂でとまることもあり、越後出雲崎（天明五年〔一七八五〕六月十四日）の藤田一郎左衛門のように、一両の志をくれる人もある。もっともそのすぐあとで木喰行道も気が大きくなったとみえて、六月二十六日から七月十八日まで二十日間草津入湯としゃれこんで「金壱両弐分入用」という豪遊をやり、一日平均三百文の消費をする。お宿帳によると街道筋では五十文、七十五文、百文という旅籠もあるが、辺地での宿賃は八文から二十文、地方都市で二十文から三十文であるから、平均二十五文とみたが、万人講十五両は善根宿と籠り、野宿をのぞけば、二十年間ぐらい廻国できる金額であった。

木喰行道　「万人講帳」表紙
（山梨県身延町　木喰の里微笑館寄託）

「万人講帳」には伊勢原近辺の信者が多く、これは「伊勢原下行者取立之せわ人」である万左衛門、元左衛門、藤助の奔走によるものであろう。八文、十二文などの零細なものもあるが、二十四文、五十文、百文が多い。「五十文　為家内子供菩薩金七」と家族を失った男がその菩提を廻国の六部に托したものもある。最高の寄進者は「金三両かいの国　名和善内」で、十年から十二年後の天明三年と天明五年に、佐渡檀特山御堂建立のときと、梅津の御堂建立のときの施主として「甲斐国甲府金手町　名和善内」と書かれた人である。万人講への高額寄進者の名を、感謝のために施主として後の世にのこしたのであろう。しかもおどろくべき事に、これから三十四年をへた文化四年（一八〇七）九十歳のとき、摂津猪名川町東光寺の自刻像と十王・葬頭河婆・白鬼をつくったとき、十王尊二体の背銘に「名和善内ボダイノタメ」と書くのである。

また「万人講帳」に金一両を寄進した「江戸日本橋三丁目　喜八」のためには、文化四年の摂津東光寺十王尊背銘に「喜八丈　ホタイノタメ」とし、おなじ十王尊の一体には、

「万人講帳」にみえない「サカミイセハラ　ヒヤウグヤ　金次郎大丈　ホタイノタメ」とし、恩人の恩にむくいている。

遠方の信者としては「水戸の国」と肩書するものが多いのは、水戸郊外羅漢寺の木食観海上人のもとにとどまったときの知人や信者であろう。江戸も多く、銚子、上州草津などがあり、おそらくみな配札の知人で、配札のときに日本廻国の大願を説いて喜捨をうけたものとおもわれる。

かくて木喰行道は六十六部聖としての廻国修行に旅立ったが、このときの納経納札がいかなるものだったかは不明である。しかし七十七歳のとき、日向国分寺で再造した五輪塔型納札版木にわざわざ六十六歳と彫るのも、六十六部にかけたものだろうとおもわれ、この種の密教的納札をはやくからもってあるいたものとおもう。

六十六部聖が記録にみえるはじめは南北朝時代で、『嘉元記』の康永二年（一三四三）四月十日、竜田宮六十六部妙法経の「経聖」としてあらわれる。すなわち法華経六十六部書写の費用を勧進する聖である。また永徳四年（一三八四）に鎌倉鶴岡八幡へ聖源房なる聖が納めた金銅の納札があり、六十六部納札の初見とおもわれる（『大日本金石史』㈢）。これには「奉納妙典一国六十六部　相州鎌倉聖源坊」とあって、これがのちに紙の納札になってゆくのである。また永正十五年（一五一八）銘の加賀笈岳出土経筒では六十六部聖は本願実恵とか聖願興で、本願または聖とよばれたことがわかる。天文四年（一五三五）

六月十八日奥書の但馬出石町惣持寺千手院本尊、胎内勧進奉加帳には「本願　六十六部十穀西林坊。脇本願　菊蔵　智善　聖行徳」とあって十穀聖すなわち六十六部木食聖が本願、聖が脇本願となっている。

これらの聖は生国または廻国の出発地を納札の肩書に名乗るので、讃岐住人とか武蔵坊とかいうのであるが、木喰行道はその生国さえ名乗る必要がないという主張で「三界無庵」「無家無仏」あるいは「天一自在法門」と称する。天一自在法門は寛政五年（一七九三）七十六歳のとき、日向国分寺で木喰行道をあらためて「木喰五行菩薩」を自称するころからもちいだした肩書である。これは一般の六十六部廻国聖とちがった面白い主張で天下に唯一人の存在であるから、何者にも拘束されぬ自由自在の遊行だ、という主張をあらわしている。ときには「四国堂心願鏡」のように「勅願所　日州児湯郡府中国分村　五智山国分寺隠枯（居）事　天一自在法門木喰　五行菩薩　八十五歳」などと署名するが、これは郷党に一寸威張って見せたもので木喰らしくもない。

さて、安永二年二月十八日に相模伊勢原を出発した木喰行道は、相模国分寺に納経してから足を東に向けた。すなわち東国の一の宮、国分寺への納経とともに坂東三十三観音・秩父三十四観音の巡礼をこころざしたものであろう。このころの巡礼者はこれに西国三十三観音をくわえた百観音詣と四国八十八ヵ所霊場遍路をとげることが理想とされていた。丸畑の四国堂裏にも寛延三年（一七五〇）と宝暦十一年の四国西国秩父巡礼碑があり、木喰行道の父、伊藤六兵衛も宝暦十三年に西国巡礼をとげている。木喰の日本廻国もこのような血と、時代の風潮にうながされたものである。

相模国分寺からまず坂東十四番の弘明寺、十三番の浅草寺をめざして江戸に入り、北品川の東海寺、目黒の祐天寺、上野の寛永寺、根津権現、小石川伝通院、音羽護国寺、芝太神宮など東都の霊仏霊社を彼はいそがしくかけめぐる。そして三月には大宮をへて上州に入り、惣社、国分寺、榛名から沼田へすすんで、また高崎へもどり、妙義山、迦葉山、神宮寺などに納経する。四月には秩父へ入って秩父三十四番の水潜寺から逆巡りして一番の四万部寺へ札を打つのである。

このあたりすべて彼のたずさえた納経帳にそれぞれの寺社の執事・神職が、本尊・祭神および寺社名と日付を記入した納経受取によって、彼の足跡を追うので、日々の泊りや生活をうかがうことはできない。納経帳記入の日付も「某月吉日」などとあるため、月はわかるが日のわからぬものもある。しかし江戸時代の交通史料としても、民俗資料としても、まことに貴重なものである。とくに北海道の足跡などはこれがなければ、とてもあきらかにすることはできなかったのである。

紙面の都合上、木喰行道の東国の跡を一々追うわけにはゆかないが、五月にはまた相模へもどって藤沢、江之島、鎌倉をまわり、やがて伊豆にむかう。伊豆南端の長津呂石廊大権現と弥陀窟に詣でてから西海岸の風光をめでながら修善寺へ。箱根、三島、そして富士登山をとげてから九ヵ月の休止がある。おそらく大山山麓で暮したのであろう。

安永三年は陽春三月から行動をおこして再度の秩父霊場巡礼をとげて江戸に入る。ついで千葉から房総半島の霊仏霊社をくまなくめぐり、坂東打止めの三十三番那古寺をすぎる。そして六月には常陸に足跡を印する。彼は山がそこにあればかならずのぼるので、坂東二十五番の筑波山にも納経する。聖は修験道の山岳宗教者の性格をもっているからで、常陸では筑波から加波山にかけて登山する山岳修行を加波山禅定といった。それから下野に入り、八月一ヵ月の暑中休暇をどこかの寺社でとったらしく休止して、九月、十月を上野・下野の各地ですごす。このあいだに足利の鑁阿寺では三七二十一日の日参をはたすが、十二月はじめからは常陸で百人参籠をはじめた。これは黒子の千妙寺、下妻の大宝寺、長塚村の医王院、下総今泉村の光明院の四ヵ寺を毎日まわる行で、行程五〇キロ以上になるから、相当の健脚でなければできない。空也聖もこのような行をおこなうときは隔夜聖といわれるが、毎年十一月十三日から大晦日まで四十八夜の寒修行もする。お百度参りというのはこの百日参籠をインスタントにしたものである。木喰行道はこれを安永五年三月十二日に無事成満して、四月には水戸に入り、瓜連の常福寺、佐竹寺などをすぎて坂東二十一番の八溝山日輪寺を最後に関東をはなれる。

奥州に入ればすぐ八溝山系の五来山を神体山とする奥州一の宮、都々古別神社がある。それから二本松、福島へ出て、義経伝説の医王寺をへて山形に入ったのが六月九日であった。十日に山寺立石寺に詣で、十五日には湯殿山御山禅定と月山大権現と羽黒山大権現の納経受取が日月寺から出されている。七月朔日鳥海山に禅定し、十日に象潟干満寺をへて秋田に入り、八月、九月の暑をここで避けた。十一月には秋田から米沢へもどり、会津へ出、十二月に磐城海岸の閼伽井嶽常福寺へのぼった。眼下に平の城下と太平洋を見はるかす竜燈伝説にふさわしい霊場である。

木喰行道はここでまた百日参籠をした。すなわち十二月十七日から、翌安永六年三月二十八日まで、閼伽井嶽と平の飯野八幡宮と磐城稲荷五社大明神のあいだを日参するのである。磐城稲荷五社大明神の所在はどうしてもわからないが、平市の子鍬倉稲荷神社宮司、山部正男氏の話では、元内郷市（現いわき市）御厩にあった磐城稲荷であろうという。そうとすればこの日参は二十四キロたらずで大した苦行でもないが、私が磐城稲荷五社大明神にこだわるのはわけがある。というのは納経帳にこの稲荷社の別当、大宅弥兵衛から安永六年十一月吉日付で、つぎのような感謝状がでているからである。

去申（安永五年）ノ極月十有七日ヨリ当社へ百日百夜籠、当（安永六年）三月二十八日迄相勤申候。右ニ付、信心印ニ壱銭弐銭之志ヲ申請石ニテ唐獅子弐体建立シ、右コレヲ成就ニ付、供養相勤申候　以上これをみるとこの百日参籠の基地は磐城稲荷で、夜はここへかえったのであろう。それよりも目を見張るのは百日参籠のあいだの一銭二銭（一文二文）の喜捨をあつめて、石の唐獅子二体を建立したことである。おそらく稲荷社別当の親切なもてなしに感謝の心をあらわしたものであろうが、彼の健脚ではこの日参は半日仕事だから、あとの半日は彫刻にむけることができたのであろう。

私はこの石唐獅子を見たいとおもったが、山部宮司の話では、もと大そう繁昌した稲荷社であったけれども、あのあたりの大洪水で流れてしまって何ものこっておらぬという。稲荷はやはり神であることが多いから、わすれられることもはやく、流失を境に姿を没した社だったのである。

もしこの石唐獅子がのこっており、木喰行道作の銘でもあれば、これが木喰彫刻の処女作になる。建立ということばは一文二文の喜捨をあつめて石屋につくらせたという解釈も成り立つが、すでにふれたように木喰仏の作風は、まったく石仏や磨崖仏を木にうつしただけのものである。木喰仏の謎をとく鍵の一つは石像彫刻である。そしてそれは大山修験のみならず、修験道と密接な関係があるので、木喰行道が修験的聖の系譜につながるかぎり、石像を彫刻する可能性は大いにある。過去の歴史事実の推論は資料がのこらぬかぎり、非常にむずかしい。証拠裁判とおなじことである。裁判官の主観や直観だけで決定することはできない。しかし資料のない歴史事実は完全に不明かというと、歴史の方では可能性の判断、または要請的判断（ポスチュラーテイツシエ・ウルタイル）ということができる。私たちはここで民俗学の手をつかうのである。

デモのうず巻のなかの一学生が警官をなぐったかどうかは、その瞬間の写真でもないとわからない。しかしその学生が乱闘のマッスのなかにたしかに居ったことが証明されれば、その暴行の可能性はあると判断する。そして平素からその学生が警官をなぐってやると公言していたり、興奮しやすくてすぐ手を出す暴行癖があるとなると、あれがやったにちがいないという要請的判断がでてくる。しかし裁判ではもっと傷痕（きずあと）や凶器の証拠がないとこれで有罪というわけにはゆかない。サンクションを通して個人なり団体なりへの現実の損害をあたえるからである。歴史では神武（じんむ）天皇即位の歴史事実判断などとなると実害も桁外（けたはず）れに大きいが、木喰行道が唐獅子をつくってもつくらなくても、石屋は損も得もしはしない。となると無責任なようだが、人間は厄介なことに真実、あるいは真理をもとめる高度な精神的はたらきをもつ高等動物である。やはり放っておくわけにはゆかないとなると、可能性の判断をできるだけ多くの資料で確率をたかめ、事実にちかずけてゆく必要がある。

民俗学では一個人の行為をマッスとして判断する。それは常民でも聖でもおなじことである。ある時代の、ある地域的・階級的・職業的グループに属する常民の生活や思考形式には、共通の型があり、個性があったとしても平均値からのプラス・マイナス値は微少だという大前提から、この学問は出発する。そうすると木喰行道の属する聖グループがどのような生態と信仰をもったかが、彼の廻国と芸術活動をあきらかにする前提となるだろう。

聖と石仏・磨崖仏の関係をいまくわしく論ずる余裕はないが、磨崖仏の存在する場所が修験道の霊場であることはうたがう余地はない。たとえば近江栗太郡の金勝山中にある狛坂寺址の三尊磨崖仏などは、良弁の前身といわれる金鷲優婆塞と同一人かどうかが問題とされる、金勝優婆塞のひらいた修験信仰の霊場である。笠置山の弥勒石仏や室生寺入口の大野石仏もおなじであり、大和では大峯山より古い修験霊場だといって元山上を称する生駒の鳴川千光寺内にも多くの石仏がある。九州の国東半島のいたるところに造顕された磨崖仏が、仁聞菩薩作の伝承をもつのも、六郷満山二十八箇寺の熊野系修験によって彫像されたからであろう。おなじ豊後では大分市郊外の高瀬石仏が著名であるが、この山の上にある石窟の磨崖仏には修験道場「彦山」の文字と、彦山の開祖法蓮上人の像がほられている。おなじ豊後の臼杵石仏群にしても、蓮城法師が山岳宗教者であることはたしかで、とくに深田堂ヶ迫の承安二年（一一七二）八月十五日銘の五輪には「千部如法経　願主　遍照金剛（以下欠）」というような、六十六部聖の前身をなす千部経聖さえみられる。おそらくかれらは彫刻と勧進を兼ねる本願聖と、彫刻する聖と勧進する聖に分業化した聖集団とがあって、これらの石仏・磨崖仏を各地霊場にのこしたのであろう。

このような聖の習性は修験道が山岳信仰とともに、洞窟信仰と巨石信仰をもつことからみちびかれたもので、かれらは山がそこにあれば登り、洞窟がそこにあれば籠り、石がそ

木喰行道　大黒天（新潟県佐渡市　佐渡博物館寄託）

こにあれば彫る。原始信仰では石に生命もしくは神霊がこもっているとかんがえたので、石に像を彫りこみ、石から像を彫り出す。印度中国の石窟寺院の模倣をしなくとも、修験道のような固有信仰からは当然おこりうることである。

この聖の伝統が近世になって、中世の石仏群を彫像した聖集団が解体したのちものこり、好きな聖だけは滝の側、窟の奥、崖の下、堂の中などに、すこぶる下手な石仏をのこすことになる。木喰行道の作品のあの堅さ、重さ、ぎこちなさは素材が石であった時代の技巧である。また木喰行道の作品は、一木彫成が盛行した平安初期にもみられぬ完全な一木で、光背も台座も、そして普通は別木を彫って枘継ぎする手首までも一木である。神像をのぞけばどんな小像でも、日本の木彫にはこのような例はない。そして反対に石彫ならば、かならず、光背、台座、手首とも一石彫出であり、また一石彫出たらざるをえない。まれに大像であるとき、運搬のために二石でつくり胴上と胴下を組合わせる露座石仏もあるが、それでも手首を別石というわけにはゆかないのである。

日本の仏像彫刻は平安末期、定朝のでるころから寄木造りが一般的になった。大仏師・小仏師・大工・小工などの仏師集団が大規模になり、彫像の分業化がすすんだからである。作銘から判断すると、この仏像製作所は渉外部または営業部として勧進聖もかかえていたことは、写経僧集団とおなじだったらしい。しかし室町ごろになると貴族や権力者の高級品の注文がすくなくなって、急に富裕になった郷村からの注文が、特売品級の仏像ばかりもとめるようになると、仏師集団は解体する。そして祇園祭礼図にみられるように、京都・奈良・高野山などに一人でぼそぼそ彫る仏師が小像なら一木彫りもするが、それでも光背・台座・手首などは別木の続飯付けや枘継ぎである。

ところが木喰仏となると、光背・台座・手首ばかりか、持物も蓮台座の下の蓮葉座や岩座や敷茄子まで完全に一木なのである。これはただごとでないと気付かなければならない。そしてこの一木彫りはもう一つの伝統として、一刀彫りにみられるような人形作りがかんがえられる。北海道での初期の小品は、みなコケシ人形そっくりの地蔵である。いま流行の郷土玩具のコケシは首がはめこみだが、もと子供の「おしゃぶり」だった時代はずんべらぼうの一木であった。私が去年瀬戸内の佐柳島の海岸墓で見た墓人形は、起源としてはアマガツ人形であろうが、いまは地蔵に変化したものがあって、初期の木喰仏そっくりだった。すなわち鉈彫り仏には霊場の土産物職人の手細工になる一刀彫り人形の伝統と、石仏彫刻の伝統がある。

だから木喰仏は鏨を鑿に代えても、依然としてあのぎこちなさがのこる。素材の輪郭からはみ出ないように「はめ絵」風に、光背も手足もきざむ。菩薩も明王も天部も手足をのびのびとのばすことができない。千手観音も馬頭観音もたくさんのお手を金魚の鰭みたいにつけている。寛政十二年、八十三歳の作である焼津市石脇下の大日堂不動明王や佐渡博物館の大黒天像などは、その「はめ絵」の代表的なものであろう。また下野鹿沼市栃窪薬

木喰行道　立木観音
（兵庫県猪名川町　東光寺）

師堂の薬師如来座像は舟型光背厚肉彫り石仏そっくりなのにおどろかされる。

木喰仏のもう一つの特色である立木像はどうだろうか。たれがかんがえても不思議なこの彫像法を、いままでなぜかと問う人がなかったのが私には不思議である。しかし木喰行道を「ひじり」の系譜でかんがえたら、私がこれは磨崖仏の手法だといってもコロンブスの卵でもなんでもなかったはずである。私は摂津猪名川東光寺の立木観音（子安観音）を写真で見たとき、これは大木の自然空洞に別につくった仏像をはめこんだものとおもった。

初一念はおそろしいもので、実際に行って見ていてもそうとしかみえない。ところが住職さんに後にまわって見てくださいといわれて、いやはやおどろきました。後はさいわい大きなうつろなので、この立木観音が立木そのものに彫られたことが歴然としている。彫るときに、おそらく舟形光背状にけずりとられた樹皮が、生木なので生長をつづけ、このように縁を巻込んだのだった。日向国分寺の大銀杏に空洞をあけて自刻像を中に埋めこんだのが、樹皮に巻きこまれて見えないと、柳宗悦が書いたのは、やはり私の初一念とおなじだったのである。

木喰行道の立木像は、この日向国分寺の自刻像（七十六歳）のほかに、長門阿武郡福井下の願行寺の榧に彫りこんだ立木薬師（八十歳）、長門阿武郡紫福村土井ノ内信盛寺の樟（いぬぐす）の生木に彫った生眼八幡像（八十歳）、おなじく長門阿武郡小川村友信寺の松に彫った立木釈迦像（八十歳）、越後刈羽郡小国町太郎丸真福寺の梨木観音（八十七歳）、越後柏崎市大清水大泉寺の銀杏に彫った立木観音（八十八歳）と、さきにあげた摂津猪名川東光寺立木観音（九十歳）の七体をかぞえることができる。

世には会津塔寺の立木観音や近江大津の南郷町立木観音のように、立木をそのまま丸彫りにした立木像もあるが、いずれも巨石や大木に神霊をみとめる原始宗教からでた修験の信仰である。このように聖に石仏・磨崖仏をつくる習性があるということと、木喰行道が聖であったということと、木喰仏に石仏・磨崖仏の手法がみいだされるということと、佐渡金北山で石造大黒天を彫ったことと、彼は近江蒲生町鋳物師の竹田神社でも狛犬をほっているということとがそろえば、磐城稲荷五社大明神の石造唐獅子を木喰行道が彫刻したという可能性は、彫刻したにちがいないという要請的判断までゆくのではないだろうか。そしてなにか偶然の機会にこの石唐獅子が掘りだされて銘があれば、彼がこれを彫ったという歴史事実が確定するであろう。

さて、木喰行道は磐城から南下して江戸をへて甲州に入り、安永六年七月に廻国出発後第一回目の帰郷をする。これは何のための帰郷かわからないが、この年は死目にあわなかったであろう母の三回忌になることは事実である。そして四ヵ月ののち十一月にはまた磐城平へもどって、稲荷五社大明神からさきの感謝状をうけとり、さらに北上の旅をつづけ、蝦夷地までわたってしまうことになる。その経路はさきの出羽路とはことなり、陸前浜街道の長汀曲浦をたどりながら、安永七年三月には仙台城下に入った。ついで陽春の海景をめでて塩釜・松島・金華山の観光コースをたのしみ、平泉の中尊寺や達谷窟、そして南部黒石の名刹正法寺と黒石寺へとすすむ。五月五日に遠野の名山早地峯山にのぼり、早地峯大権現に納経しているから、岳の山伏宿で有名な山伏神楽も見たことであろう。そして六月五日本州の北端、下北半島田名部につき「奥州南部北郡　田名部釜臥山菩提寺　本尊地蔵大士　鎮守正一位嶽大明神　別当　円通禅寺」の納経受取があるから、これはちかごろ「死者の行く山」としてマスコミの脚光をあびている恐山にのぼったのである。

2　蝦夷地渡り

安永七年の木喰行道の蝦夷地渡りの謎は私にはまだ解けない。案外簡単な理由で、「なんでも見てやろう」と思ってわたったのかもしれないが、このころしきりに廻国聖が蝦夷地渡りをするのはただごとでない気がする。

北海道に仏教が入った年代もまったく謎で、慈覚大師や良忍上人の伝説はこれを祖師にいただく僧侶や聖の渡道をしめすにすぎない。函館には貞治六年（一三六七）の板碑があって、その銘文や線刻来迎図は大そう興味があるが、これを南北朝以前の蝦夷仏教の所産と断定する政治史・文化史の資料にとぼしい。津軽地方には鎌倉末期には仏教がかなり浸透しているので可能性はまったくないわけではないが、やはり永享四年（一四三二）または嘉吉三年（一四四三）に安東盛季が修験僧をともなって蝦夷地入りをしたことが、仏教流入の大きな契機であろう。安東盛季にしたがった山王坊がひらいたという松前の阿吽寺には、木喰行道も安永九年五月十八日に納経している。おもしろいことにこの納経受取には「奥州松前大田山大日如来　阿吽寺」となっているが、木喰渡道の最初に納経したのも「奥州松前庄熊石邑　太田山本地大日如来　門昌庵」で、日は安永七年七月吉日である。私の今度の調査では函館の須藤隆仙氏の協力をえて、これが木喰渡道の最北端にあたる久遠郡大成町久遠の太田神社であることがたしかめられた。いま浄土宗になっている門昌庵はそのころ太田権現の納経受付をしていたらしい。

ところがこのさいはての地に木喰行道の生涯における劇的な転機が待っていたのである。すなわち円空仏との出会である。木喰行道よりすこしおくれて寛政年間に渡道した大旅行家、菅江真澄はその紀行文『蝦夷喧辞弁』に太田権現を、

斧作りの仏、堂のうちにいと多くたゝせ給ふは、淡海の国の円空というほうしのこもりて、をこなひのいとまに、あらゆる仏を造りをさめ、

と書いている。これらの円空仏はいまは焼けてしまったらしく、神仏分離で大日堂（潮音寺）にうつされた仏像には一体もふくまれていない。しかし木喰行道が納経したころはたしかにあったのだから、彼はここで宗教的感動と芸術的感激につつまれたことであろう。太田権現は航海の難所といわれる帆越岬の海岸から二百五十メートルも石段でのぼる山上の洞窟にまつられ、アイヌ時代からの霊場であった。また和人の立入を禁じられていたアイヌ地に属していたが、松前の太田山阿吽寺の僧や廻国聖によって、大日信仰と地蔵信仰・観音信仰がもちこまれ、大田山を名乗っていたらしい。この急坂をあえぎあえぎのぼって洞窟の中に一杯の円空仏を見いだした木喰行道の息のつまるような感動をわれわれも

想像することができる。

木喰行道の仏像彫刻の目的と動機の謎はこれでいくぶんとける。柳宗悦は「いつの頃から彫刻を試みたか、定かではない。恐らく四十五歳の時、木食戒を受けて彼の生涯に一転期が来てからのことであらう」というが、木彫に関するかぎり、六十一歳のこの時から制作活動がはじまり、未熟な作品を蝦夷地にのこすことになる。彼の仏像彫刻の目的については二十年後の八十二歳の寛政十一年、四国八十八ヵ所遍路中に、伊予三島の中之庄光明庵で、奉納円板額に「六大願之内、本願として仏を仏師、国々因縁ある所にこれをほどこす」と書き、八十四歳で甲州丸畑の四国堂奉納円板額や「四国堂心願鏡」では、これを十大願にあらため、八十七歳の越後真福寺仁王像背銘では十八大願とする。しかし私はこれが廻国のはじめからの心願であったとはおもわない。人間の運命はそんなに予定され、計算されてうごくのではない。一人の師、一人の友、一人の女、一冊の書、一枚の画にめぐりあっただけでも、大きくうごき、飛躍するのだ。これをはじめからこうする予定だったなどというのは、老人の見得と空威張りにすぎない。千体仏の心願にしても、作品に「日本千タイノ内」と書くのは、はじめからの予定ではない。これは長門萩城下の西法寺（廃寺）が「千体仏の寺」といわれたのにヒントをえてそのころ発願したのだとおもう。

円空の北海道での作品は松前藩の『福山秘府』にのせられた、円空仏を本尊・神体とする二十五堂社より、いまでははるかに多いことがわかっている。そして彼の足跡も『元禄御国絵図』にしめされた西海岸の熊石と東海岸の函館に近い汐首岬をつなぐ線にかぎられた和人地（松前藩）をこえて、太田権現や有珠善光寺などのアイヌ地（蝦夷）にまでおよび、その彫像は登別・苫小牧・千歳・広尾・釧路にまではこばれて蝦夷教化の役割をはたした。その制作活動は寛文五年（一六六五）から六年にかけてで、有名な洞爺湖中島観音堂の観音座像は、寛文六年七月廿八日の背銘（44ページ）がある。

江戸時代初期には袋中上人のように、琉球にわたって念仏をひろめるものもあって、いわゆる化外の地に単身のりこむ聖が多くなるが、これは耶蘇会宣教師たちが東洋伝道に進出したのとはすこしちがって、組織もないし、長つづきしなかった。しかも和人の海外出稼に便乗したというのが真相のようである。北海道開拓史も古いところはあまりはっきりしないけれども、農業体質改善で、金肥としての北海道産乾鰊需要がたかまる江戸中期以降は季節的には可成りの和人出稼が北海道西海岸をにぎわしたことであろう。江差から二〇キロほど北の乙部村には元和年間（一六一五―二四）にひらかれたからというので元和という集落があるくらいで、円空の渡道は聖の遊行癖とともに、宗教に飢えた出稼和人の要求にこたえたものとおもわれる。かれらはまず信仰の対象として仏像をもとめたから、渡来する六部・行者・山伏などの聖たちはさかんに仏像をつくりながら、鰊場の漁師たちのあいだを遍歴したらしい。いま須藤隆仙氏や森川不覚氏らによって報ぜられたところをみても、弥陀像一万体造立を発願した貞伝、「日本廻国行者浄円」と作銘を書いた浄円、禅木食自在法師遼天、木食行者寂導、『松前旧事記』の欣求院弥陀像千体供養に関係あるらしい仏子大蓮、なお不確実ではあるが、仙引、百拝などの作者もかぞえられる。私も乙部村元和で、かつての鰊場の模様を聞こうと立寄った漁師の家の仏檀から「意全作」の銘ある小さな金銅阿弥陀如来立像を見つけた。いわば仏像彫刻で鰊場をわたりあるく廻国聖がわんさわんさとおしかけて来たのである。

　そのなかでやはり年代的に一番はやい円空が教祖格で、作品もとびぬけて優秀だが、あとは民俗資料としては貴重なものであるにしても、美術的にはとりたてるほどのものがない。ただ木喰行道に関連して見のがせないのは、浄円が本州でも六十六部廻国供養塔にあるように「南無阿弥陀仏　日月晴明　天下泰平　日本廻国　行者浄円」と書き、木喰行道も「南無阿弥陀仏　日月清明　天下和順　日本廻国　行道（花押）」と書く。しかも浄円の上磯町禅林寺の地蔵菩薩像などは初期の木喰仏と瓜二つで、日付も安永九年二月十一日であるから、木喰行道の蝦夷地を去る安永九年五月十九日までは、この二人は同行であったのではないかとおもう。自在法師の渡道は宝暦十二年（一七六二）と安永三年（一七七四）で、木喰行道よりすこしはやいが、彼の「天一自在法門」と肩書を名乗ることに、なにか関係がありそうである。

　このような渡道廻国聖と鰊場には、なにか関係があろうかとおもって、私も江差から熊石までの海岸線の、うつくしい風光をながめながら何度か往復し漁期には戦場のようだったという鰊場の光景と、木喰行道の姿を頭にえがいて見た。いまこの海岸の村々では、親方衆のお城のようだった邸宅も、番屋も、鰊蔵も、舟蔵も、若い衆の泊り宿も見あたらない。この西海岸は江戸時代から大正初年まで、鰊をのぞいてはその存在すらかんがえられぬところであった。旧三月十日ごろになるとベンザイ(帆前船)二千隻ぐらいが出稼漁師をはこんだり、鰊の運搬のために江差にあつまってきた。漁師や若衆は番屋で出漁の準備にかかり、せまい砂浜にはびっしりと掛茶屋の飲屋が立ちならんだ。みな気が荒くなって喧嘩が絶えず、仲裁に若衆頭が飲屋をかけまわった。それでもおさまらなければ専制君主のような親方衆が出ていって鶴の一声でおさえた。旧三月半ごろになると鰊はかならず海の色を真黒に変えて海岸に寄ってきた。海にも砂浜にも修羅場のようなさわぎがはじまる。海の中までレールを引いて、トロッコで鰊を陸へあげる。女子供はむらがって、落ちた鰊をひろって家へはこぶ。ほまちや小使になるのである。漁師はわざと、その群へ籠一杯の鰊をこぼしてやる。その狂躁の中を鰊をふみつけながら木喰行道は歩む。そのころは国道二二九号線はないから、砂浜と崖下の小路を歩むしかない。当然この修羅場を通りぬけた鰊くさい木喰行道はお堂の縁でこつこつと仏を刻むことになる。

私はこの海岸線のバスの中で、鰊場はなやかなりしころの悪業のかずかずを、渋紙色の顔の皺にきざみこんだような老漁民に会った。そしてそれは蝦夷地での木喰仏の印象とぴったりするのにおどろいた。それほど蝦夷地の木喰仏は無愛想をとおりこして、こわいのである。しいていえば飛鳥仏のような無気味さがある。そこには芸術の創作に欠くことのできぬ感情の高まりがなく、義務づけられて作ったか、仕様ことなしにつくったという鈍さ、物憂さが感じられる。銘はまさしく後年の木喰行道とおなじで梵字もかわりがない。北海道での大作であり優作である江差金剛寺の地蔵菩薩立像、泊観音寺の地蔵菩薩像、熊石法蔵寺の地蔵菩薩像はいずれも背銘を拝見できなかったが、この三大作に共通する特長は、猪首というよりも頸部がなく、面相が平べったい大顔で、大耳なことであり、衣文も形式的で石彫のようにかたくるしい。微笑させようとする意図はあったが、ついに笑わなかった仏たちである。しかしその他の小像にくらべると、さすがに二メートル近い大作にとりくもうとしただけに、技術も進んでおり、以前に石彫の経験でもなければ、木彫をはじめて二年ぐらいの経験では、これだけの作ができようとはおもえない。法蔵寺の地蔵が安永九年銘だとのことで、これらはいずれも北海道で最後の作であろう。おなじ地蔵でも法蔵寺は錫杖と宝珠、観音寺は宝珠、金剛寺は宝珠をもった赤児をいだくなどの変化がある。観音寺の地蔵はさきにもふれたように鰊場の若衆たちが地面や砂浜をひきずって、飲屋へつれていったというが、これは漁期に江差港へベンザイが二千隻もあつまったとき、この地蔵を小船にのせてベンザイからお賽銭を強要してまわったあげく、そのお賽銭で飲みにいったのだという。

しかしこの三像のほかは蝦夷地の木喰仏は、みな一〇センチから三〇センチまでの小像ばかりである。これらはコケシ人形かオシラサマのような、稚拙で素人くさい習作で、木喰仏の出発点をしめすものといえよう。とくに乙部法然寺の三体のうちの二〇センチ仏は地蔵の種字と、地蔵の真言・オン カ カ カ ビ サンマエイ ソワカを例によってすこし誤字で書き、二行に「慈眼眡衆生　福集海無量」を書いた「眡」（視）と「集」（聚）の誤字が、安永九年九月から五ヵ月を要した、下野鹿沼市栃窪薬師堂の薬師三尊十二神将背銘とおなじなので、木喰行道作であることに疑問の余地はない。署名は「日本廻国」（花押）だけであるが、花押が「行道」を花押化した栃窪銘とやはりおなじである。しかし法然寺では寺の三体のほかに檀家の二体を見たが、背銘はみな「南無阿弥陀仏　天下和順　日月清明」とあるにかかわらず、一体の日付が「安永七子正月大吉日」とあって、安永七年七月に渡道した木喰行道のものでないことはあきらかである。おそらく廻国聖たちは冬期の無聊にこれらの仏像を彫って、春がくれば托鉢に行く信者の仏壇の内仏としてあたえたものであろう。このような小仏像は乙部村栄浜の竜宝寺、相沼内の無量寺、熊石町泊川の薬師寺、熊石法蔵寺などにもあり、個人の内仏としても他に数体ある。また奥尻島にも十七、八体あるとの話しもきいたが、十分の吟味を要するであろう。中で竜宝寺の地蔵は安永八年六月廿四日の銘で「南無阿弥陀仏　天下和順　日月清明　日本廻国行者作　行道（花押）」とある。また彼は熊石で安永八年五月十八日に日本廻国中供養碑を願主として建てたことが最近わかった。中供養といったのは、まだ廻国の終りではないが、途中で供養する意である。

さて木喰行道は渡道一ヵ月で太田権現から海岸線をあるいて、閏七月五日には栄山地蔵に納経し、十日には円空ゆかりの臼（有珠）善光寺に納経した。いずれも太田権現におとらぬ蝦夷地屈指の霊場である。栄山地蔵は宝永年間（一七〇四―一一）に蝦夷地渡りをした越前の廻国聖・空念の納経記には「江山」とあり、いまは名勝地「恵山」である。臼善光寺は北海道三官寺の一として権威をもった名刹で、弁瑞上人の有珠嶽修行の蓮華講や、念仏上人子引歌で知られる。木喰行道の有珠滞在期間はわからないが、納経帳はここで二ヵ年の休止となる。

彼が自分の廻国を「南無阿弥陀仏国々御宿帳」に記録しはじめるのは安永九年五月十四日からで、いよいよ蝦夷地を去るために発足した日である。潮吹、江良をへて十八日には前記、松前大田山阿吽寺の大日如来に別れをつげ、同日乗船して、二十日に下北半島の田名部へ着いた。

3　佐渡の荒海

木喰行道の謎につつまれた蝦夷地の二年がすぎて、彼は安永九年五月二十日に田名部にもどり、こんどは津軽から江戸にむかって南下する。しかしすでに安永五、六年にあるいた出羽路をさけて、大館から大滝、湯瀬の湯治をたのしみつつ南部盛岡に出る。水沢、山ノ目をへて福島についたときは、丁度秋葉権現祭であった。八月には会津に入って、九月には南会津から日光街道の山峡にわけ入った。そして藤原町独鈷沢を通ったが、いまその十王堂にのこる荒けずりの閻魔十王・葬頭河婆は木喰上人作と土地ではつたえている。しかしあまりに損傷がひどく、これというきめ手もない。そしてこの九月二十一日には下野の栃窪で木喰第二期の作品を完成する。彼はここがよほど気に入ったとみえて、翌安永十年（天明元年）二月まで滞在して、薬師堂に薬師三尊と十二神将をきざんだ。

　この作風は北海道の作品とがらりと趣をかえ、丸味をおびた彫刻に胡粉下地厚彩色をほどこす鉈彫りらしからぬ彫像をこころみる。この作風は佐渡までつづくので、一連の模索時代だったということができよう。薬師如来は一枚の蓮弁を立てたような舟型光背が独創的で、脈筋の平行線がうつくしい。木喰仏はまだここでは微笑できずに、肥満児のように顔も耳も肩も胸も丸く、重く、おわすのである。そして日光・月光二菩薩までは木喰の心の平安をしめしているが、十二神将となると、やはり蝦夷地の鰊場の荒くれ男たちの印象が、頭のなかを去来していたようにみえる。すなわちこのきわだった作行の相違は、背銘に木喰行道とならべて書かれた、弟子白道の作だろうとの説もあるが、私はやはり木喰行道でよいのだとおもう。このあたりから木喰仏の人間くささが顔を出しはじめたのである。微笑仏独特の頰肉を盛りあげる手法もつかわれるが、ここではついでに顴骨まで盛りあげてしまったのが、一そうこの十二神将を人間くさくする。「御宿帳」はめずらしくこの彫

像を記入し、

安永十丑二月廿一日　立　トチクボ
ムラニ　ヤクシジヤウニジン（十二神）　コンリヤウ（建立）

として、この村を去るのである。この薬師堂にはいま木喰上人伝来という天念仏（てんねんぶつ）がのこっており、私はこの方に興味があるのだが、村では木喰さん拝観者の応接にいそがしく、天念仏にはあまり関心がないらしい。しかし天念仏は関東一円では天道念仏（てんとうねんぶつ）といい、弘法大師伝来というところも多く、真言念仏と農耕儀礼の結合した、古い民俗行事である。

木喰行道はここから一度江戸へ入るが、すぐ出て来て上州倉賀野（くらがの）、横川（よこかわ）から信濃路（しなのじ）をたどる。そして五月五日から八日までの五月雨にとじこめられた長久保（ながくぼ）で、白道はにげ出したらしく「コノトコロニ弟子ニハグル、」と「御宿帳」はしるしている。これからは一人で善光寺をへて越後へ入り、五月二十三日に出雲崎から荒海をこえて佐渡へわたったのである。

木喰行道は北海道とおなじく、佐渡の動静をしるさない。旅は自分の生活だが、滞留は廻国聖の生活ではないとでも主張しているみたいである。しかし集堂帳のような歌集と作品銘、および奉納額などを通して、その生活の一斑を見ることができる。ただ問題はなぜ佐渡へわたって四年もすごしたかである。山がそこにあれば登り、島がそこにあれば渡るのが廻国聖の習性かもしれないが、そこにとどまるにはそれだけの理由があろう。おそらく近世末期の街道筋の六部廻国には、もうかなりつめたい風がふいているのに、荒海一つこえれば人の心はおだしく、まだ中世的なホスピタリティがのこっていたのに、心ひかれたのではなかろうか。そこにはもう「はっと(法度)の寺」もなく、どこでもあたたかくむかえてくれたであろう。時宗の遊行上人でも佐渡をめぐるときは漁民がどこまでも跡を追うて来て念仏札(賦算札)をもとめ、たのしかったときいた。観光佐渡はしらないが、島の人の心には中世が生きていたのだとおもう。所詮、遊行廻国は中世のものである。近世には旅はあるが遊行はない。現代には観光はあるが旅がないとおなじである。

佐渡では金北山、金剛山、檀特山の三つの霊峰がどこからものぞまれ、その頂から見る荒海は、この島に人の世の非情をよせぬ防壁とも見える。木喰行道はつねにこれらの霊峰にのぼるのをこのみ、とくに檀特山の頂上、すなわち石名の清水寺奥之院にこもって、その堂を再興した。このあたり巨木の下に苔むした石地蔵が多いのは、かつてこの山が死者をまつる他界信仰の霊場であったことをしめすものであろう。木喰再興の堂はいまのこっているが、仏像その他は石名海岸の清水寺にうつされている。その地蔵菩薩立像と薬師如来座像は、栃窪の薬師十二神将とおなじく、厚い胡粉地に厚彩色をほどこしたのが、はげおちていたいたしい。そしてまだ微笑の影もみえない。奉納板額は、

国々へ　中納る　念仏の
生み(正味)はここに　天下泰平
天明三年四月八日
日本廻国　中孝(中興開基)関記　願主木喰行道（花押）

と愛嬌(あいきょう)のある宛字を書いた。

金北山頂上には寒三十日の日参をつとめて大黒天石像をまつったのが、いま河原田町(かわはらだまち)へおろされている。石像彫刻をここでおもい出したのである。しかし佐渡でのもっとも大きな仕事は、梅津の九品堂(くほんどう)建立と九品阿弥陀仏造立であった。梅津はいかにも木喰行道の好みそうなところである。両津湾(りょうつ)につきでた砂州で、前面には荒海をへだてて越後の山々が靉靆模糊(あいたいもこ)のうちにある。右に姫崎(ひめさき)の鼻をおき、左に内海府(うちかいふ)までの浜と岬がかさなっている。背後には金北、金剛、檀特の三霊峰がゆるやかに紺碧(こんぺき)の空に這(は)いあがる。この海浜に九品堂は立てられたのであるが、残念ながら柳宗悦の調査後九品仏とともに焼失して、いまはその旅行記でしのぶほかはない。奉納額には「天明五巳三月十日　父母為菩薩也」とし、施主に「甲斐国甲府金手町　名和善内」を書いたことはすでにのべた。

佐渡での木喰は多くの墨跡と画像と大黒天像をのこすが、これは庶民の要求にこたえたのである。九品堂建立勧進のために寄進者にあたえたもの、海辺の漁家にとまったお礼にあたえたものもあったであろう。相川「いづもや」の年徳神の掛軸などは善根宿への謝礼とおもわれる。渡唐天神画像は天神講の講本尊であろう。剣先の名号自画像は魔除けの名号で、これに阿弥陀如来根本陀羅尼と自画像と和歌をそえた、めずらしい墨跡である。佐渡に大黒天像がとくに多いのも庶民の要求にこたえたからであろう。福神信仰は江戸時代の未熟な資本主義に押しながされがちな、かよわい庶民の救済だったのである。それは素樸な心には文字通り「福音」としてむかえられる。しかしいま佐渡博物館におさめられた大黒天像は、俵をふんまえずに、これによりかかることによって「はめ絵」になった、見事な造形である。

　彼はここでえた弟子木喰丹海（両尾出身なので両尾木喰とよばれる）に九品堂をゆずり、平安だった四年の佐渡滞留に終止符をうって、天明五年五月十五日、水津港から越後へわたった。

第三章

1　西国遍歴

佐渡で日本廻国の東半分を終えた六十八歳の木喰行道は、荒海をこえる船のなかで、もう西国の空を夢にえがいていたにちがいない。しかし彼はいつ行倒れるかもしれぬ西国の旅の想出に、もう一度故郷丸畑の山河を見ておきたいとおもった。そして道は越後から信州、上州、武州をへて甲州路へとむかった。

途中、田上湯小屋では忠次郎母の志で、善根の湯治を八日間たのしみ、六月二十日から二十四日まで妙高の山駆をして渋温泉にとまった。つぎの日はさすが健脚をとばして前橋街道を志賀高原で越えて草津に入湯した。宿は坂上の次衛門、入費は二十日間で一両二分であった。草津は万人講に二歩の寄進をした伊兵衛もおるのに、一日三百文の豪遊は解せない。しかも草津を出るとすぐまた山越で、信州渋温泉へもどってまた六日間入湯。この二十六日間、「入湯のうち笈あずけそろ」とあるから、六部では都合がわるいので、途中へ笈をあずけて涼しい顔で豪遊したのである。善光寺、上田、軽井沢、横川と上州に入り、倉賀野からいまの八高線にそうて最短距離を八王子へ。やがて天明五年（一七八五）八月十二日丸畑へかえって休養し、九月廿七日西国の旅へ出発した。

まず甲府で五十日日参の大願をはたす。これから納経受取は「万人講帳」の余白にしるされる。上諏訪は七日間納経して「信州一宮諏訪南宮法性 大明神 如宝院」の受取。諏訪では乙事と田沢に木喰仏をのこした。やがて伊那谷に入って三州街道をくだり飯田から難所飯田峠を越えて妻籠。それより中仙道を馬籠へおり、中津川、大井をへて美濃、尾張の霊場をめぐり、尾張山口村では弟子二人に逃げられた。やがて飛騨から越中に入り、天明六年七月九日より十四日まで立山禅定して「奉納妙典組一部 越中立山大権現 御峯禅定令二受納一者也 別当 岩峅寺」の受取を記入する。能登に入って石動山、加賀では白山に禅定する。山代温泉には五日入湯、越前から近江へ出て鋳物師村に二十日間とどまったとき、竹田神社の木の狛犬を彫った。

伊勢からやがて東熊野街道を那智、本宮、新宮とめぐり、田辺から小栗街道を紀三井寺、粉河と札を打って高野山へのぼる。それより和泉、河内、山城、丹波穴太寺に参って京へ入り、愛宕、鞍馬、そして石山寺などをめぐった。大和に入って吉野から大峯山上堂にこもったのが四月七日で、これは四月八日の山伏入峰の前日である。これで近畿の巡拝に終りをつげて山陽道へ入った。一時美作に入るがすぐ備前へ出て来て下津港から讃岐へわたり、めざす四国八十八ヵ所霊場めぐりをはじめる。

西国三十三所観音霊場はすでに平安のむかしにひらかれた巡礼であるが、四国八十八ヵ所は室町ごろからのようで、弘法大師（こうぼうだいし）信仰を背後にもっている。奇蹟（きせき）をつたえられる弘法大師との同行二人の遍路は、善根宿であたたかくむかえられる習俗があって、廻国聖（ひじり）ばかりでなく、心願のあるものが蝟集（いしゅう）した。聖たちは八十八の霊場の砂をすこしずつ持ちかえり、村々に小四国をひらいたり、お砂踏みの行事をした。西国も四国も巡礼や遍路は、ちょうど「傾城阿波鳴門（けいせいあわのなると）」のおつるのように柄杓（ひしゃく）を背にさしていた。これは勧進杓（かんじんしゃく）といって御報謝の米や銭を差出してうけとる容器であるが、もとは旅行用水筒だった瓢（ひさご）である。木喰行道も柄杓をもっていたらしく、

ぬけてでる　心のそこも　ぬけたやら
ふぬけ六分の　こしぬけしゃくし

の歌がある。四国八十八ヵ所には底をぬいた柄杓がたくさん奉納されているが、いまは安産のまじないといわれている。

四国霊場を木喰行道は逆巡りで讃岐から伊予（いよ）へ、そして土佐（とさ）、阿波とめぐった。途中例によって石槌山（いしづちさん）にのぼり、道後（どうご）温泉（おんせん）に入湯する。宿は札所の寺か門前の遍路宿が多いのは

ホスピタリティがうすくなったためである。「大師堂籠り」とあっても八文払っている。淡路島にもわたり、金毘羅山へはとくに敬意を表する。金毘羅信仰は江戸時代に流行したもので金毘羅船々しゅらしゅしゅしゅとあつまる参詣者は、とくに江戸をはじめ、東国からの参詣が多かった。印度の宮毘羅大将とか倶毘羅神とか諸説紛々であるが、文禄慶長のころ金剛房宥盛法印のひらいた修験道信仰である。その勧進活動によって江戸時代に庶民信仰の王座をしめるまでにのしあがった。木喰行道はのちに越後で上前島金毘羅堂と、太郎丸真福寺と、保倉大安寺で三体の金毘羅大権現像を刻んだが、山伏姿の大権現像は神仏分離以前の金毘羅信仰をしめしておもしろい。

木喰行道は山がそこにあれば登り、島がそこにあれば渡るが、また温泉がそこにあればかならず跳び込む。天明八年二月二十五日から三月四日までふたたび道後温泉に滞在して、大洲から豊予海峡を豊後へ船渡りした。船主は藤八、日数二日、船賃は五百文であった。この船渡りには大した目的もなかったとおもうが、これから九州で十年をおくろうとは、行道自身もかんがえなかったろう。

木喰行道の日向国分寺滞留の動機もまったく謎である。「南無阿弥陀仏国々御宿帳」は天明八年五月二十日に、

一、廿日　コクブンジムラ　コクブンジキ

と記入してから、寛政九年（一七九七）の「御やと帳」に、

一、日州国分寺　寛（政）九巳八月　立

と書くまでブランクとなる。宿帳にキとあるのは木賃宿らしいので、日向国分寺はこのころ廻国者から木賃をとって宿泊させたらしい。諸国国分寺の運命がみなそうであるように、古代国家の保護をはなれると、このような寺の没落は車が坂をころがるよりもはやい。そのかわり庶民信仰でささえられた寺が、不死鳥のように再興、修復されるのは、万人講にみられる庶民の社会連帯感が勧進聖によって結集されるからである。「世の中はもちつもたれつ」「旅は道づれ、世はなさけ」。なんと偉大な庶民精神だろう！　貴族や知識人からみればうすぎたない、俗悪で無智で厚顔な聖たちは、この庶民精神のゆえに歴史の偉大な創造者になる。牛馬万人講の竹筒は、救世軍の社会鍋（しゃかいなべ）より宗教的な庶民精神のあらわれだった。それが聖によって結集されると、世界一の東大寺（とうだいじ）大仏でも灰塵（かいじん）の中から二度よみがえるのである。

木喰行道は「四国堂心願鏡」に、

九州修行ノ節ニ、イタッテ、日向ノ国分寺ニ、ヨン所ナキインエン(因縁)ニヨッテ、トドマリテ、住ショク(職)イタシ

と書いたので、柳宗悦(やなぎむねよし)は奈良時代の国分寺住職とでもおもったらしく「彼の地上でうけた最高位」などというが、いま礎石だけしかのこらぬ国分寺はかなり多いのである。おそらく木喰行道のおとずれた日向国分寺は留守居の毛坊主がおって、自分も廻国に出たいからあなた代ってくださらんか、というような話だったとおもう。木喰行道もまんざらではないし、一晩はなしているうちに「ヨン所ナク」なったのだろう。そのうちこれを再興してみたい野心もわいたかもしれぬ。しかし三年おるうちに再興どころか、なけなしのお堂も火事でやいてしまうことになる。

それから七年間「ナンギヤウ(難行)クギヤウ(苦行)」したというのは、托鉢(たくはつ)による勧進で費用をあつめ、本尊五智如来をみずから彫刻したことである。三メートルにおよぶ巨像五体は壮観であるが、めずらしく古典的手法の仏像で、まだ彼独特の微笑仏はうまれていない。しかし彼はここで一廻国者の劣等感をすてて、大きな自信をもち、奉納額に「住持　行道事　五行大菩薩」と書いた。すなわちこれを契機に「天一自在法門」の肩書と五行菩薩(ごぎょうぼさつ)を名乗るのは、大きな宗教的確信をえた証拠である。

かくて寛政七年から九州の霊仏霊社順拝に旅立ち、長崎に一年ちかく滞在して見聞をひ

木喰行道　不動明王（山口県山口市　普門寺）

ろめる。それからもう一度日向へかえって寛政九年三月に佐土原に釈迦大像をきざみ四月に国分寺を立つ。これから「御やと帳」に、八月九日以後の廻国の道筋を毎日丹念にしるすのであるが、四月から八月までブランクなのはどこかこのあたりの知人宅に逃避していたらしい。

その後の廻国の道筋をくわしくかたる余裕はないが、下関から秋芳洞をへて萩城下に入り、それから山陰筋へ出る山中に多くの仏像をのこした。このあいだに千体仏を発願したことはすでにのべた。石見、出雲、伯耆、因幡、但馬から丹後、若狭まですすみながら、なにか忘れものを想出したように踵をかえして但馬城崎に入湯。またもと来た道を因幡、伯耆とひきかえして三朝入湯。これから津山をへて山陽筋へ出て宮嶋から山口。寛政十一年四月末に三田尻から四国へわたった。すなわち第二回の四国八十八ヵ所遍路である。このときの納経帳は別冊でのこっているが、九月十八日伊予三津浜から乗船して十月二日大坂安治川へ着いてからは、また「南無阿弥陀仏国々御宿帳」の余白に日々の道筋をしるすことになる。

2　駿遠の山路

第二回目の四国霊場めぐりから大坂安治川についた木喰行道はすでに齢八十二歳であっ

た。彼はこれから故郷丸畑をめざして三河、遠江、駿河の山路をこえながら、山村の小堂に完成期の作品をのこす。八十二歳で完成とは芸術の道はなんと遠く、かつけわしいことだろう。すなわちこの年になってようやく彼独自の彫像様式が完成し、これが越後の創作活動で発酵して、丹波摂津での九十歳以後の天衣無縫の円熟をしめす。人は長生きすべきものである。

このときの作品はまず三河新城在市川の徳蔵寺子安観音として姿をあらわす。石像的なかたさを昇華してほのかな微笑をしめす。抱いた赤児が宝珠をもつのは、じつに蝦夷地の作品、江差金剛寺の子安地蔵とおなじアイディアだが、技巧にはあきらかに二十年のへだたりが感じられる。そしてこの観音の顔には丸畑で黍畑を打っていた木喰行道の、母のイメージがひそんでいるようにおもわれる。簡潔に御光をあつかった独特の円形頭光背も標式的なたしかさで完成する。

彼がこの山間に分け入ったのは鳳来寺参詣と秋葉山参籠のためではあるが、ことさら東海道の表街道や姫街道をさけて山路をあるいたのが、廻国者としての彼の面目である。しかも鳳来寺から秋葉山までは当時宿駅の発達していた大野・巣山の秋葉街道をすすまず、陣座峠を越えて遠州へ入った。そして寛政十一年十月十九日から、翌十二年三月八日まで五ヵ月を引佐町狩宿と奥山におくり、狩宿　寿竜院十王堂に閻魔十王・葬頭河婆の群像と行基菩薩像を完成する。すでに日向国分寺では五智如来の群像をつくったが、ここで木喰行道は群像に開眼して今後さかんに群像を彫刻するようになる。台座も交斜線模様をつかいはじめ頭髪とともに、線刻の技巧も完成した。

葬頭河婆は十王の支配する冥界と現世の厳粛な境に立って、死と生を止揚する祖霊的存在である。霊場寺院では単独像として吹放の板縁などにおかれ、自分の持病の部位とおなじところをなでると、病気をあの世へもっていってくれると信じられている。したがってこの婆さんは恐怖だけでなく恩寵ももつので、民衆にもっともしたしまれる。死者の衣を奪う奪衣婆も、木喰行道にかかると微笑仏となるのはそのような民俗信仰のせいもあるだろう。

木喰行道の時代には、地獄極楽の見世物や覗機関が、町から村へ興行してあるいたころである。それは八大地獄の責苦を教訓をまじえながら、独特の調子でかたっていたはずである。少年木喰行道もそれにおののいた経験があるであろう。これはヨーロッパでもおなじとみえて、スティーヴンスンの短篇『マーカイム』に、殺人のあとで教会の鐘のチャイムをきいたとき、少年時代の地獄劇の見世物を想出しておののく場面がある。しかし木喰行道の閻魔十王と葬頭河婆にはその暗さはない。木喰行道の閻魔十王・葬頭河婆の前でおののくものはないはずである。それらは中世のように地の底から冥界の消息をつたえるものでなくて、子供のあそび相手、あるいは縁日に子供があそぶためのお堂の装飾美術品化したのである。

奥山では方広寺に准胝観音・吉祥天・子安地蔵をのこし、大道庵にははじめて微笑仏の自刻像を、堀谷の徳泉寺にも十王・葬頭河婆のすぐれた作品をのこした。やがて四月八日に秋葉山に籠り、下って虫生の湯に十四日入湯して詩作にふけったとみえ、八十八首の心願歌集をつくった。遠州森町では山伏泰元院のもとに十六日間、足をとめた。これから掛川、藤枝、岡部と表街道にでるが、それでも作品は淋しい小堂か庵坊にのこっている。それを一々のべる遑はないので、もっとも代表的な焼津市石脇下の大日堂だけをあげておこ

木喰行道　葬頭河婆（静岡県引佐町　寿竜院）

う。

ここは伊勢新九郎(のちの北条早雲)の拠った城山の頂上にあり、これまた木喰行道の好みそうな地形である。あいにくいまは東海道新幹線を南に、サンドパイル打込中の東名高速道路を北にして、騒音の丘陵になったが、その不動明王像は木喰作明王像の傑作である。円筒形の御衣木に、完全に嵌め絵風に仏体と、火焔光背と、台座を彫り出したもので、石刻のレリーフの手法である。左肩が不釣合に大きかったり、右足の向が不自然だったりはするが、面相といい火焔といい、完全に木喰ペースになった作品ということができる。すなわち駿遠の山路は、寿竜院と徳泉寺の閻魔十王・葬頭河婆とこの大日堂不動明王において、木喰芸術の完成期をむかえたのである。

木喰行道はこれから身延をへて丸畑にかえり、五智如来と四国堂八十八体仏をつくったことはすでにのべた。柳宗悦が最初に、この完成期の四国堂地蔵菩薩像に出会ったのはまことに幸なことであった。

3 越路の大悲像

寛政十二年十月から享和二年(一八〇二)三月まで、満一年半を故郷丸畑におくった木喰行道は八十五歳でなお廻国をやめることができなかった。四国堂八十八体仏の造立にあじわった人の世のつめたさ、かなしさ、くやしさが彼を旅の空にかりたてたのかもしれない。あるいは芭蕉の「舟の上に生涯をうかべ、馬の口とらへて、老をむかふる物は、日々旅にして、旅を栖とす。古人も多く旅に死せるあり」という廻国聖の漂泊の思いが、彼をかりたてたかもしれない。

「四国堂心願鏡」は、八十八体仏の掃除も、開眼供養の世話も一切してくれなかった村人に、

　コノ心ニテハ、一ツ切ヲボッカナクハ、ソウラヘドモ、コレマデノ一切ノゼンモアクモ、ザンゲシテナニ事モ、カンニン、フソクヲ、コラエテ、タガイニムツマシク

と教訓して、所繁昌、福徳円満をねがい、「ツブサニノブル事アタハズ」と老の涙で文をむすんで、故郷を去った。

これからの彼はもう日々御宿帳をつけたり、納経帳に受取判をもらう人ではなかった。漂泊そのものを目的とし、旅のさびしさを御衣木にきざみつけ、千体仏の悲願にだけ生甲斐を見出そうとする人であった。したがってその足跡は作品の銘の日付で追うしかない。しかも今までとはちがって、捨身で群像にとりくむのである。享和二年の一年間はどこを放浪したかあきらかでないが、享和三年春には越後古志郡に姿をあらわし、まず小千谷在、

木喰行道　如意輪観音
（新潟県小千谷市　小栗山観音堂）

木喰行道　三十三観音
（新潟県長岡市　宝生寺）

小栗山の村へのぼって行って、三十三体の大悲像をつくった。銘は八月一日から八月二十四日までの日付なので、二十四日間に三十三体。阿修羅でもこれは不可能だから、銘は一気にあとで書いたのかもしれない。私は大悲像の銘のなかに今まで誰も見なかったし、他所の像にはまったく見られない一行を見出した。「寿百万歳」とある。これはなにをいおうとしたのだろうか。この観音像が百万年も生きるというのか、木喰行道自身が百万年生きようというのか。しいていえば修験道には弥勒下生の五十六億七千万年ののちに再生しようという信仰はある。しかし百万歳とは大きく出たものだ。

小栗山はまた木喰行道の好みそうな山の一つである。彼の長逗留するところには大体一つの型がある。彼を引きとめるのは人のこころとともに、山河のたたずまいであった。いまは木がしげったので山上からは見えないが、山へのぼる浦柄あたりからの信濃川のながめは、まことに日本ばなれしたうつくしさだ。小栗山には京畑という豪家があって、ちょうど寛政の末年ごろに、その氏仏にあたる観音堂がやけた。長岡あたりに仏造りの上手な六部がうろついているときいて、木喰行道をまねいたのであるという。京畑家は没落して屋敷跡は桑畑になったが、観音堂は健在で、木喰仏三十五体をまもっている。三十三体の大悲像のほかは、焼けた氏仏の作者とつたえられる行基菩薩像と大黒天像をかぞえる。村では一体は自刻像といっていたが、天平の開基行基菩薩と、享和の再興者木喰行道をならべる意図があったとしたらおもしろい。ここで彼はまた歌集「木喰うきよ風りふわさん」

を書いた。

小栗山の大悲像も子供の川あそびの相手をして、いたんだものもあるが、これから北へ十キロほどいった上前島(かみまえじま)金毘羅堂の金毘羅大権現と、秩父(ちちぶ)三十四体の大悲像と自刻像は、子供の相手でずんべらぼうだ。いまは傷だらけの仏体で見るかげもないお堂におしこめられているが、貴重な民俗資料である。ここの一段大きな自刻像が背刳(せぐ)りになっているのは、子供がこの空洞に体を入れて背負えば健康になるまじないとつたえられている。美作あたりにも「やせごしさん」といって、このような像を背負って堂を一まわりして、願をかける民俗がある。それを自刻像としたのは、彼みずからあとあとまで子供とあそびたかったのだろう。

越路(こしじ)大悲像の傑作は旧関原(せきはら)村白鳥宝生寺(しろとりほうしょうじ)の西国三十三観音像と自刻像である。微笑仏がこころからの微笑をうかべるのはこのあたりからである。彼のこころが澄みきってきたためもあるし、清純な女性像への開眼が、晩年の越路の大悲像を生んだのだとおもう。彼は鑿(のみ)によって「永遠に女性なるもの」をうたいあげた。ゲーテが『ファウスト』のフィナーレの大合唱で、「合唱する深秘の群」にうたわせたと同じ心境が彼にも来ていた。

一切の無常なるものは
只影像たるに過ぎず。

曾て及ばざりし所のもの、
ここには既に行はれたり。
名状すべからざる所のもの、
ここには既に遂げられたり。
永遠に女性なるもの、
我等を引きて往かしむ。（鷗外訳）

私も愛誦するこの大合唱のまん中に、八十七歳の小さな自刻像は微笑をうかべてちょこなんとすわっている。

そのほか越路の大悲像は西野入（柏崎市）安住寺にもあり、女性像は安田（柏崎市）鳥越の大日堂には大日如来とともに吉祥天像をつくっている。群像としては柏崎枇杷島十王堂に十王像と道元禅師像、保倉大安寺に十六羅漢像、椎谷（柏崎市）坂の下観音堂に十三仏、滝谷に十二神将等をつくっている。そのほか木喰行道の越後における三年間の足跡は、十五ヵ所の仏堂にのこされた百六十余体の微笑仏や版木で追うことができるが、本書のフィナーレも近ずいたので、私にはその遑がない。

木喰行道　白衣観音
（新潟県長岡市　宝生寺）

木喰行道　十一面観音
（新潟県長岡市　宝生寺）

木喰行道　十二神将
（新潟県西山町　西光寺）

4　丹摂の自刻像

越路の雪ごもり四度ののち、木喰行道は文化三年（一八〇六）四月の雪解けのころ、残雪ふかい上越国境の山をこえて上州へ入り、すぐ信州へむかった。岡谷の長地にのこる五月九日の恵比須像や阿弥陀像でわかる。それからどうしたことか八月には丸畑へもう一度帰郷した。八月四日付の伊藤家蔵自筆薬師如来画像がこれをものがたっている。しかしこれは父母の墓参ぐらいとみえて、八月十日にはもう下諏訪に自筆大日如来画像をのこす。いったい彼は八十九歳の老軀をひっさげてどこへ行こ

木喰行道　十二神将
（新潟県西山町　西光寺）

木喰行道　十六羅漢（京都府八木町　清源寺）

うとしたのだろう。彼の生命はあと四年をのこしていたが、燈明皿の油はもう切れかかっている。廻国聖の意地と執念だけが、彼の足をうごかしたとしかおもえない。あるいは越路の大悲像をきざんでいるあいだに、死土産に、もう一度西国三十三観音をまわりたいとおもったのかもしれない。彼は十九年前の天明七年二月にいそぎ足で、摂津から丹波への山道を、札所から札所へ通りぬけたことがある。そこで再来を約した山家でもあったのか、あるいはわれわれの推理のおよばぬ「無心」の啓示が彼をひきつけたのか、それは永遠の謎である。しかし彼の円熟した微笑仏はやはり、結果論かもしれぬが、丹摂の山里でなければ生れなかったような気もする。

　このあたりは丹波高原が南に尽きるところで、山はあまり高くもないし、深くもない。しかし愛宕山、歌垣山、能勢の妙見山などの山褶が複雑に入りこんで、いまも俗塵をよせつけぬ別天地である。冬隣の十月の末に、私はこのあたりの山をこえたが、行けども行けどもつきぬ穂薄の谷に、大根畑と食用菊にかこまれた農家が点在し、木喰行道が笈を背負うて歩くにふさわしい。

丹波ではじめ足をとめたのは八木町にちかい諸畑の山里である。木喰仏がなければ、めったに他所者の踏みこむ里ではない。この里の清源寺の『十六羅漢由来記』によると、文化三年冬十月、突然、この寺は木喰行道のおとずれをうけた。

容貌を視るに顔色憔悴して鬚髪雪の如く皤し。乱毛螺の如く垂る。躬の長六尺なり。壊色の衣を著、錫を持って来り立つ。異形の物色謂ひつ可からず。実に僧に似て僧に非ず。俗に似て俗に非ず。変化の人かと思ひ狂者の惑ふかと疑ふ。

そのときの彼の相貌を描写してあますところがない。ときの住職、当観和尚は檀家に相談して彼に十六羅漢の彫刻を注文した。彼は彫刻のかたわら、病者の加持もしたという。その霊験の評判はたかくなり、信者があつまり、いろいろ御馳走をはこんだというが、隣村の蔭涼庵五世の庵主、通称「五世さん」という尼僧もその一人であった。蔭涼庵（いま蔭涼寺）に「永遠の女性像」薬師三尊がのこる所以である。摂津では猪名川の上阿古谷毘沙門堂にある七仏薬師中の善名称吉祥王如来が、彼の最後の永遠の女性像なのである。

清源寺十六羅漢は、悟りをひらいた釈迦の高弟どころか、まことにふざけた群像である。底ぬけにあかるい微笑と哄笑(こうしょう)の交響楽である。羅漢さんの宴会の最中、人が入ってきたので、いそいで壇の上へとび上ってならんだところである。これはもう仏像という範疇(はんちゅう)では律せられない仏像で、天衣無縫というほかはない。ここで彼はあらゆるこの世の軌範を蝉(せん)脱(だつ)して、羽化登仙してしまう。彼が「神通光明　明満(みょうまん)仙人」を名乗るのは、この群像制作中、夢に弥陀三尊があらわれて、仙人の称号をあたえたからだというが、その自覚はすでにできていたといえよう。

清源寺十六羅漢像には酒壺(さかつぼ)を抱いて顔をかくした羅漢さん、ウィンクする羅漢さんなど

木喰行道　迦葉尊者背銘
（京都府八木町　清源寺）

もあるが、もっとも注意すべきは阿氏多尊者という羅漢さんである。というのはこれはまぎれもなく木喰行道の自刻像であり、これにはじめて神通光明明満仙人を自署する。文化三年十二月二十日、八十九歳である。これまで各地にのこした自刻像は一木喰行道（五行菩薩）たるにとどまった。これが作者だと主張する一芸術家の自画像にすぎない。しかし清源寺の阿氏多尊者即木喰行道は、釈尊の高弟であり、阿羅漢であり、解脱者である。この自覚は仏教の真髄を体得したものといえる。彼がここまで来るには八十九年の歳月が必要であった。宗教の道は芸術の道よりも、遠く、かつ深い。

ついで丹摂の自刻像は文化四年正月八日作の諸畑蔭涼寺、薬師三尊の「自身蔵（像）」、文化四年三月十四日作の丹波町上蒲生福満寺釈迦三尊の「自身蔵（像）」、同年四月九日作の摂津猪名川町上阿古谷毘沙門堂七仏薬師の「明満仙人自身蔵（像）」、同五月十八日作の猪名川町万善天乳寺の観音・勢至像と「明満仙人躰」など、いずれも薬師三尊、釈迦三尊等にとけこんで、諸仏の一躰と見られる。そして丹摂自刻像の最後の作品が、猪名川北田原東光寺閻魔十王のなかの、文化四年六月十四日作「明満仙人蔵（像）」（185ページ）である。

これは閻魔十王・白鬼・葬頭河婆が六〇センチ前後なのに、自刻像だけが一メートル七センチある。その配置も自刻像を最上段の中央におき、これをとりまいて閻魔十王がならび、最下段の従者として白鬼と葬頭河婆が立つ。木喰行道の心境をそのまま群像化したもので、世界にもたぐいまれなる作品というべきであろう。

わが国には中世庶民のかんがえだした、地獄破りの説話がある。聖たちの唱導で、一方的に閻魔十王にいじめぬかれるばかりだった庶民の巻きかえしで、『吾妻鏡』も仁田四郎忠常の富士洞穴での地獄破りを、まことしやかに書いたのをはじめ、お伽草子や狂言「為朝」「朝比奈」などにとりあげられた。封建的圧制への庶民の抵抗などというのはいいすぎだが、木喰行道の幼時の代官所役人や「法度の寺」への反感はもちろん、九十歳の彼の前に足音のちかずいた死後の専制的裁判官までも、ここで一気にはねかえしたのかもしれない。

　このように見ると、円熟期の微笑仏もなかなか芯がかたい。この摂津の木喰仏は昭和二十七年の発見なので、柳宗悦の見解がきかれなかったのは残念だった。

木喰仏はこれで全部おしまいとなると劇的でよかったのだが、木喰行道はなかなかしぶとくて、これからとことこと甲州へ帰ってゆき、文化五年四月に甲府教安寺に七観音像をのこした。そしてそれから杳として消息を絶ち、その終るところを知らない。しかし教安寺七観音が戦災で焼けたのは、木喰行道が丹摂の自刻像以後は蛇足だとおもったからではないだろうか。

　中世の聖たちの偶像的存在であった高野の明遍僧都は、

出家遁世の本意は、道のほとり野辺の間にて死せんことを期したりしぞかし

といい、旅に生き旅に死する廻国聖の理想をしめした。これは生にも死にも執着をすてることが「さとり」であり、往生の正路であるという意味である。一遍聖も一代の聖教をやきすててこの世に足跡をのこさずに旅に死のうとした。飛ぶ鳥跡をにごさぬいさぎよさである。無数の無名の聖たちが名も墓ものこすことなく野辺に朽ちはてて、仏の教えを人々の心の中にのこした。木喰行道はすぐれた芸術をのこしたが、これも彼の本意であったかどうかは疑問であろう。彼に終焉の地がないということは彼がほんとうの聖の道をつらぬいた最後の執念だったとおもわれる。

円空　年譜

この年譜は『北の円空・木喰展　江戸の遊行僧＝祈りの造形』図録（一九八七年、北海道立旭川美術館編）と『入定三百年記念円空展』図録（一九九五年、岐阜県博物館編）に掲載の円空年譜を参考にして作成した。

西暦	年号	年齢	事蹟
一六三二	寛永　九	一	岐阜県（美濃国）に生れる。
一六六三	寛文　三	三二	岐阜県郡上郡美並村神明神社の三体の仏像を作る。この三体は、現在のところ最も初期の円空仏である。翌年も同村白山神社、子安神社の諸像を作った。
一六六六	寛文　六	三五	一月、津軽藩弘前城下を追われ、青森を経て松前に渡る（『津軽藩庁日記』）。 道南地方を巡り、多数の仏像を作る。在銘仏として広尾町禅林寺の観音像（六月吉日作）、虻田町洞爺湖観音堂（現在は伊達市善光寺蔵）の観音像（七月二十八日作）、寿都町海神社の観音像（八月十一日作）の三体がある。
一六六九	寛文　九	三八	名古屋市の鉈薬師の諸像を作る。 岐阜県武儀郡武儀町の白山神社の白山三尊像を作る。
一六七〇	寛文　十	三九	岐阜県郡上郡美並村黒地の神明社の天照大神像を作る。
一六七一	寛文十一	四〇	奈良法隆寺の巡堯春塘から「法相中宗血脉」を受ける。
一六七二	寛文十二	四一	岐阜県郡上郡白鳥町長瀧寺別当寺阿名院に十一面観音像を作る。

西暦	年号	年齢	事蹟
			同郡美並村八坂神社の牛頭天王像を作る。
			奈良県吉野郡天川村観音堂の諸像を作る。
一六七四	延宝　二	四三	三重県志摩郡志摩町三蔵寺、同郡阿児町立神医王堂の大般若経を修復し、多くの添絵を描く。
一六七五	延宝　三	四四	奈良県吉野郡の大峯山で役行者像を作る。
一六七六	延宝　四	四五	『両頭愛染法』を書写し、名古屋市中川区荒子観音寺に残す。
一六七九	延宝　七	四八	三体の在銘仏を岐阜県郡上郡美並村にのこす。 滋賀県大津市園城寺の尊栄から「仏性常住金剛宝戒相承血脈」を受ける。 岐阜県羽島市中区観音堂の護法神を作る。
一六八〇	延宝　八	四九	茨城県笠間市月崇寺の「御木地士作観音像」を作る。
一六八一	天和　元	五〇	群馬県富岡市貫前(ぬきさき)神社にて大般若経を読み終える。
一六八二	天和　二	五一	栃木県日光市の円観坊で千手観音像を作る。
一六八四	貞享　元	五三	岐阜県武儀郡洞戸村高賀神社に滞在し、漢詩を詠む。 荒子観音寺住職円盛法印から「天台円頓菩薩戒師資相承血脈」を受ける。 名古屋熱田神宮において『読経口伝明鏡集』を書写する。
一六八六	貞享　三	五五	岐阜県羽島市狐穴稲荷神社の御神体を作る。

西暦	年号	年齢	事項
一六八九	元禄　二	五八	岐阜県大野郡丹生川村で不動明王を作る。 長野県西筑摩郡南木曾町等覚寺境内にある天神社の天神像を作る。等覚寺の弁財天・十五童子像を作る。 滋賀県坂田郡伊吹町太平寺で十一面観音像を作る。 栃木県日光市明覚院で観音像を作る。 滋賀県大津市園城寺の尊栄から「授決集最秘師資相承血脈譜」を受ける。
一六九〇	元禄　三	五九	再興した自坊の岐阜県関市の弥勒寺が、天台宗寺門派総本山園城寺内霊鷲院兼日光院の末寺となり、「寺門末法加行」をゆるされる。 岐阜県吉城郡上宝村で三体の仏像を作る。その中の今上皇帝像の背面に十万体の仏像を作り終えたことを記す。
一六九一	元禄　四	六〇	歌集『熱田太神宮金淵龍王春遊に』を詠む。 岐阜県益田郡で青面金剛神像を作る。 同郡下呂町で青面金剛神像を作る。
一六九二	元禄　五	六一	岐阜県武儀郡洞戸村高賀神社で、降雨を祈り大般若経を真読誦し、その願いを叶える、と記す。
一六九五	元禄　八	六四	弟子の円長に「授決集最秘師資相承血脈」を与える。 七月十五日、岐阜県関市弥勒寺の近くで没。

木喰行道　年譜

この年譜は『北の円空・木喰展　江戸の遊行僧＝祈りの造形』図録（一九八七年、北海道立旭川美術館編）と「木喰の里　微笑館」パンフレット（下部町教育委員会）に掲載の木喰行道年譜を参考にして作成した。

西暦	年号	年齢	事蹟
一七一八	享保　三	一	山梨県（甲斐国）西八代郡下部町古関字丸畑に伊藤六兵衛の次男として生れる。
一七三一	享保一六	一四	故郷を出奔して江戸に赴く。奉公に励むも度々浪人する。
一七三九	元文　四	二二	神奈川県大山不動尊に参詣し、古義真言宗の僧侶に道を説かれ出家する。
一七六二	宝暦一二	四五	日本廻国修行の大願をたてる。茨城県羅漢寺の木食観海上人より「木食戒」を受ける。この年、僧名を「木食行者・行道」とし「三界無庵無仏」と肩書きするか（？）
一七七〇	明和　七	五三	父六兵衛、丸畑で没。
一七七三	安永　二	五六	日本廻国の途につき、坂東、秩父、伊豆、富士山など関東周辺を巡る。
一七七五	安永　四	五八	母、郷里で没。
一七七八	安永　七	六一	東北地方から北海道の江差に渡る。約二年間滞在し、現存する最も初期の木彫仏を作る。

一七八〇	安永　九	六三	北海道から東北地方を経て栃木県鹿沼市に滞留し、翌年にかけて薬師堂を建立、本尊、二脇士、十二神将像を作る。弟子白道の署名が見られる。
一七八一	安永　十 （元明元）	六四	信州長久保で白道と別れる。 佐渡に渡り、天明五年まで滞在。各所に仏像・書軸などをのこす。
一七八五	天明　五	六八	佐渡の梅津に久品堂を建立し、佐渡での弟子の丹海にこれをゆずる。 佐渡から越後・信濃・上州・武州を経て故郷の丸畑に戻る。 再び廻国の旅に出る。
一七八六	天明　六	六九	中部から近畿地方を巡る。
一七八七	天明　七	七〇	岡山県より四国に入り四国八十八ヵ所を逆廻りする。
一七八八	天明　八	七一	船で九州、大分に渡り、宮崎県西都市の国分寺に到着。 同寺の住職となり、七年間すごす。
一七九一	寛政　三	七四	国分寺炎上し、再建の大願を立てる。
一七九四	寛政　六	七七	国分寺再建成る。本尊五智如来像を完成させる。これより「天一自在法門・木喰五行菩薩」と改名する。
一七九五	寛政　七	七八	国分寺を出発し、鹿児島・熊本を経て長崎に入る。
一七九六	寛政　八	七九	『青表紙歌集』を編む。

西暦	年号	年齢	事蹟
一七九七	寛政　九	八〇	佐土原金柏寺に釈迦牟尼大仏を彫る。九州を離れ、山口県に入り、各地で造像。
一七九八	寛政　十	八一	山陰、山陽を巡り、各地で造像。
一七九九	寛政十一	八二	山口県から四国に入り再び巡礼。その後大阪から愛知県新城を経て静岡県に入る。
一八〇〇	寛政十二	八三	静岡県引佐郡引佐町に十王堂を建立し、十王像ほかを作る。故郷の丸畑へ戻る。
一八〇一	寛政十三（享和元）	八四	丸畑に五智如来・山の神像など作る。丸畑に四国堂建立および八十八体仏建立の大願を立てる。年内に造像を終える。
一八〇二	享和　二	八五	四国堂建立成る。故郷を発ち、長野県・群馬県を経て新潟県に向かい、約三年間県内で造像する。
一八〇三	享和　三	八六	自伝の『四国堂心願鏡』を書く。
一八〇五	文化　二	八八	『心願歌集』『木喰うきよ風りふわさん』成る。米寿を祝い、木版画の自画像を配布。
一八〇六	文化　三	八九	長野県から故郷へ戻り、京都へ上る。清源寺に滞在し、十六羅漢像を彫る。

西暦	年号	年齢	事項
			十六羅漢造像中、霊夢により「神通光明・明満仙人」と改名する。
一八〇七	文化　四	九〇	兵庫県で東光寺の自刻像はじめ造像活動を行う。
一八〇八	文化　五	九一	長野善光寺に大幅の書軸を描く。
一八一〇	文化　七	九三	六月五日に没（没地は不明）。丸畑の生家に多くの自筆記録が届けられる。

解説

豊島　修

本書は、仏教民俗学の創始者で、晩年は日本宗教民俗学者として御活躍された五来重（ごらいしげる）博士（一九〇八—九三）が、淡交社から刊行された『微笑佛—木喰の境涯』（一九六六年）と『円空佛—境涯と作品』（一九六八年）を合冊にして、新たな円空（えんくう）・木喰（もくじき）（行道（ぎょうどう））の年譜と写真を加えて出版したものである。

本書に収められた二書が刊行されてから、およそ五十年の歳月がながれようとしている。その間、円空・木喰（行道）研究は大いに進展したが、それは先生が遺（のこ）した先駆的業績としての二書があったからといっても、過言ではないであろう。もっとも本研究の基本的文献である二書は早くに絶版となり、研究者や賛同をもって受け入れられた多くの読者からも、惜しむ声が少なくなかった。また先生御自身も、二書の刊行後、円空・木喰（行道）の新しい研究成果をつぎつぎに発表され、それをふまえた二書の増補改訂を意図されていた。しかし生前中に叶（かな）わなかったのは、読者のひとりとして大変残念に思う。なお『微笑佛―木喰の境涯』については、先生が折にふれ手を入れられた訂正本を基に改訂を加えている。

ところで近世前期の修験者である円空と、近世中期から後期に生きた遊行回国の庶民宗教者・遊行宗教者である木喰行道は、どちらも諸国を遊行する過程で、多くの造形を創ったことでよく知られる。〝円空仏〟・〝木喰仏〟という造形であるが、その多くの造形とそれを生みだした二人の庶民宗教者の境涯については、柳宗悦氏の木喰観以来、専門の研究者や多くの人びとから深い関心をもって受けとめられている。本年も秋から冬にかけて、木喰仏に関する特別展示が東京や大阪の美術館や、デパートのみならず、地域の美術館で予定されているという。このような特別展示の鑑賞を通して、私たちは円空・木喰(行道)の人間性や、作仏・作歌作業によって造りだされた一点一点の造形が、近世の地域民衆の要望に答えるものであったことを理解しなければならない。その理解のために本書が参考となるのである。

それはまた、〝五来民俗学〟を評価することにも繋がる。近年、五来民俗学が新たに評価されつつあることは、たとえば、一九九五年から一九九六年に刊行された『五来重宗教民俗集成』(全八冊、角川書店)にみることができる。そのなかで本書に収められた二書について、辻惟雄氏が「円空仏・木喰仏ガイドとしての役割」を果たし、「仏教民俗学者である氏の視点を明確にあらわすもの」(「作仏聖―円空と木喰」の「解説文」、『五来重宗教民俗集成2』所収）と、簡潔な言葉で批評されている。二書が刊行された三十年前というのは、円空や木喰研究がさかんに行われはじめ、いわゆる最初の円空ブームが生まれた状況にあった。このような時に、仏教民俗学の方法をもってすれば、円空・木喰の境涯と作品はどのように吟味されるのか、という関心が出版の企画にあったのではないか。この憶測が当たっていれば、二書は、先生の円空・木喰論の出発点であったといえる。

しかし顧みれば円空・木喰の研究は、あまりにも先生の学問に深くかかわる課題であった。「聖」（ひじり）や「庶民信仰（史）」研究などがそれである。すでに『微笑佛―木喰の境涯』が刊行される前年には、名著『高野聖』（角川書店）を世に問われ、民俗宗教者・庶民宗教者と規定される「聖」研究の第一人者としての地位を築こうとされていた。しかも高野聖などの「聖」の勧化・唱導を受けいれたのが、多くは中・近世の庶民層であったので、「庶民信仰（史）」の実態とその論理の究明が重要であることを示唆されていた。仏教民俗学および宗教民俗学を体系づける重要なキーワードとして。その研鑽のために、二書の刊行後も、先生は円空・木喰の足跡をたどりながら、文献・民俗・遺物・絵画などの諸資料を全国にもとめて歩きまわり、本研究の過程で、謎の多い円空・木喰の人間像にせまる新しい見解がつぎつぎと生みだされた。一般読者を対象として発表された多くの著述がそれである。（『五来重宗教民俗集成2』など）。いずれも二書で述べられた問題を、さらに肉付けして深められた内容ばかりである。そこで、もう少し本書の内容にふれてみよう。

まず『微笑佛―木喰の境涯』は、木喰行道を高僧視して、「木喰仏の微笑にかれの内面の慈悲の心」を読み取ろうとする、柳宗悦氏の木喰観に対する先生の強い疑問・反発から出発している。それは「木喰仏の美学」が重要であったのではなかった。むしろ上述した「聖」とよばれる「遊行回国の庶民宗教者の生態や境涯」の視点から、木喰行道が「創作し、伝播して歩いた文学・芸術・芸能の本質」をあきらかにすることにあった。

また円空と木喰行道には多くの相違がみられ、作品のそれもひとつである。その理由について、先生は両者の個人的な気質の相違や、それぞれが属する宗教世界の相違に支配されていることなどを述べる。しかし重要なことは円空も木喰も、近世に生きた「聖」として共通した境遇をもっていた、という指摘である。すなわち遊行・木食・勧進・密教のほか、作仏・作歌などに……。そして聖一般の信仰内容や生活様式から推測して、宗教の世界に支配された円空・木喰の人間像を解明しようとしたのである。

この観点は、もうひとつの『円空佛―境涯と作品』にも共通している。従来、円空は大宗教家・大芸術家とまつりあげられた一面が強い。しかし先生は、その方法に強い疑問をもち、主に北海道・東北に円空の足跡を丹念にたどる。そのなかには命がけで登った北海道の太田権現の洞窟で、「死と直面する窟ごもり」を追体験するなど、フィールド・ワークの労苦が文章の端々に滲みでて、読者に強烈なインパクトをあたえている。

こうした先生の命がけの調査は、豊かな学識とあいまって、円空・木喰の謎にせまっていく。そのひとつが円空を木地師出身と見る考え方であり、円空・木喰ともに自刻像を制作した、その動機についての理解である。前者については、『円空佛—境涯と作品』刊行のあと、常陸笠間市の月崇寺の観音背銘に「木地士作」とあり、それは「木地師」の宛字であることを論文で断定。先生の円空木地師出身説を裏付けることになった。後者についても、先生は永年の修験道史研究の成果を踏まえて、修験道の苦行による「即身成仏の思想」にもとめており、興味ぶかい。

このほかにも、円空仏のなかに蓮台を持つ「来迎観音」と命名した、独特の図像の問題や、木喰（行道）のような近世の遊行宗教者の「系譜」に、戦国期から近世前期に活躍した「弾誓」が先達として存在したことを示唆されている。円空・木喰行道を「近世の遊行宗教者」と規定したこととあわせ、この方面の研究者にも大いに参考となろう。そのうえで遊行宗教者の実態と系譜の問題などに、なお今後の課題がのこされている。

しかし、先生の指摘を踏まえた近世遊行宗教者の研究は、五十年のあいだに大いに進展している。そうした研究上のいくつかの問題点を提示していることも、本書の特徴のひとつである。

円空や木喰行道の造像がなぜ現代のわれわれを魅惑するのか、という疑問に答えることは大変困難である。しかし、上述した辻惟雄氏は「その疑問の原点に立ち戻り、かれらの造像の軌跡を、生涯かけた『行為』として考察すること」と述べられている。円空・木喰観を説いた本書は、右の指摘を考えるためにも参考となるであろう。それはまた、五来民俗学の新たな評価に繋がることを期待したい。

（京都女子大学教授）

二〇一六年十月

写真協力（敬称略、数字は本文ページ）

観音寺　33
後藤英夫　39、44、61、67、79、121、123、131、133、136、137、142、150、151、157
小淵山観音院　105、113
長谷川公茂　147
飛騨千光寺　164
木喰の里微笑館　179、206、215、219、239、248
アートワン　185
田枝幹宏　257、260、283、299、301
浜松市文化財課　287
（公社）新潟県観光協会　290、291、295、296、297、298

本書は『円空と木喰』（一九九七年　淡交社刊）を文庫化したものである。

本文中、市町村合併などにより現在は存在しない地名も、刊行当時のとおりとしている。

円空と木喰

五来 重

平成28年 11月25日　初版発行
令和７年　６月10日　８版発行

発行者●山下直久

発行●株式会社KADOKAWA
〒102-8177　東京都千代田区富士見2-13-3
電話　0570-002-301（ナビダイヤル）

角川文庫 20073

印刷所●株式会社KADOKAWA
製本所●株式会社KADOKAWA

表紙画●和田三造

ISBN978-4-04-400153-7　C0115

◆◆◆